Annette Julia Russer

The City upon a Hill vs. the Inner Light

Geschichte, Religion und Kultur
von Puritanern und Quäkern
und deren Einfluss auf
die US-amerikanische Gesellschaft

Diplomica Verlag GmbH

Russer, Annette Julia: The City upon a Hill vs. the Inner Light: Geschichte, Religion und Kultur von Puritanern und Quäkern und deren Einfluss auf die US-amerikanische Gesellschaft. Hamburg, Diplomica Verlag GmbH 2013

Buch-ISBN: 978-3-8428-6418-4
PDF-eBook-ISBN: 978-3-8428-1418-9
Druck/Herstellung: Diplomica® Verlag GmbH, Hamburg, 2013

Bibliografische Information der Deutschen Nationalbibliothek:
Die Deutsche Nationalbibliothek verzeichnet diese Publikation in der Deutschen Nationalbibliografie; detaillierte bibliografische Daten sind im Internet über http://dnb.d-nb.de abrufbar.

Das Werk einschließlich aller seiner Teile ist urheberrechtlich geschützt. Jede Verwertung außerhalb der Grenzen des Urheberrechtsgesetzes ist ohne Zustimmung des Verlages unzulässig und strafbar. Dies gilt insbesondere für Vervielfältigungen, Übersetzungen, Mikroverfilmungen und die Einspeicherung und Bearbeitung in elektronischen Systemen.

Die Wiedergabe von Gebrauchsnamen, Handelsnamen, Warenbezeichnungen usw. in diesem Werk berechtigt auch ohne besondere Kennzeichnung nicht zu der Annahme, dass solche Namen im Sinne der Warenzeichen- und Markenschutz-Gesetzgebung als frei zu betrachten wären und daher von jedermann benutzt werden dürften.

Die Informationen in diesem Werk wurden mit Sorgfalt erarbeitet. Dennoch können Fehler nicht vollständig ausgeschlossen werden und die Diplomica Verlag GmbH, die Autoren oder Übersetzer übernehmen keine juristische Verantwortung oder irgendeine Haftung für evtl. verbliebene fehlerhafte Angaben und deren Folgen.

Alle Rechte vorbehalten

© Diplomica Verlag GmbH
Hermannstal 119k, 22119 Hamburg
http://www.diplomica-verlag.de, Hamburg 2013
Printed in Germany

Inhaltsverzeichnis

1	**Einleitung**	**3**
2	**Geschichtlicher Hintergrund**	**4**
2.1	Puritaner	4
2.2	Quäker	8
2.3	Vergleich	13
3	**Detaillierte Analyse von religiösen und sozialen Vorstellungen**	**15**
3.1	Puritaner	15
3.1.1	Biografien	15
3.1.2	Religion und Gottesbild	17
3.1.3	Moralische und soziale Werte	23
3.2	Quäker	33
3.2.1	Biografien	34
3.2.2	Religion und Gottesbild	35
3.2.3	Moralische und soziale Werte	42
3.3	Vergleich	51
4	**Puritaner und Quäker heute**	**54**
4.1	Puritaner	54
4.2	Quäker	57
4.3	Vergleich	62
5	**Einflüsse beider Gruppierungen auf die US-amerikanische Gesellschaft**	**62**
5.1	Puritaner	62
5.2	Quäker	68
5.3	Vergleich	75
6	**Schlusswort**	**78**
7	**Quellenverzeichnis**	**79**

1 Einleitung

Zu den ersten Gruppierungen, die nach Nordamerika, die heutigen USA, auswanderten, zählten die Puritaner und Quäker. Beide stammten aus England, und beide verließen ihre Heimat aufgrund religiöser Verfolgung. Dies sind zweifelsohne auffällige Parallelen. Doch bestehen zwischen den zwei Gruppen auch eklatante Unterschiede in Bezug auf ihre religiösen, moralischen und gesellschaftlichen Vorstellungen. Nichtsdestoweniger lässt sich nicht leugnen, dass sowohl Puritaner als auch Quäker die US-amerikanische Gesellschaft entscheidend geprägt haben – beide jedoch auf ihre jeweils eigene Weise. In der folgenden Studie werde ich daher in jedem Kapitel zunächst über die Puritaner und danach über die Quäker berichten, um die beiden danach miteinander zu vergleichen und Unterschiede und Gemeinsamkeiten herauszuarbeiten. Im ersten Punkt werde ich zunächst auf die Geschichte der Puritaner und Quäker eingehen, um dem Leser die nötigen historischen Hintergründe zu vermitteln. Darauf folgt der Hauptteil meiner Untersuchung: Anhand schriftlicher Zeugnisse wie Briefen und Predigten werde ich die unterschiedlichen Einstellungen beider Gruppen zu verschiedenen Themen beleuchten, hierbei jedoch auch Sekundärliteratur zu Rate ziehen. Dabei werden einerseits religiöse Themen wie das Gottesbild oder die Bedeutung der Bibel für die jeweilige Gruppe beleuchtet werden und andererseits gesellschaftliche Themen wie die Rolle der Frau oder das Verhältnis zu den amerikanischen Ureinwohnern. Manche Punkte werde ich bei beiden Gruppierungen behandeln, da sich beide dazu geäußert haben; manche Themen waren jedoch ausschließlich den Puritanern bzw. den Quäkern wichtig und werden daher jeweils separat behandelt. Als nächstes werde ich auf die heutige Situation der Puritaner und Quäker eingehen bzw. mich damit auseinandersetzen, ob diese heutzutage überhaupt noch existieren. Zum Schluss werde ich die Einflüsse, welche Puritaner und Quäker auf die US-amerikanische Mentalität hatten bzw. noch immer haben, beleuchten. In meinem Schlusswort werde ich schließlich die gewonnenen Erkenntnisse zusammenfassen und meine eigene Meinung dazu darlegen.

2 Geschichtlicher Hintergrund

2.1 Puritaner

Die Geschichte der Puritaner nahm ihren Anfang mit der Entstehung des Protestantismus. Die protestantische Reformation begann im 16. Jahrhundert als eine Bewegung, deren Ziel es war, die christliche Kirche zu reformieren, und endete mit der Trennung der reformierten Kirchen von der römisch-katholischen Kirche. Die vier protestantischen Hauptströmungen, die aus der Reformation entstanden, waren die evangelisch-lutherische[1], die calvinistische[2], die anabaptische[3] und die anglikanische[4] Kirche. Trotz teilweise signifikanter Unterschiede zwischen diesen Strömungen stimmten sie dennoch darin überein, dass sie den Papst ablehnten und stattdessen die Autorität der Bibel und die Bedeutung des individuellen Glaubens hervorhoben. Überdies war eine Kernaussage des Protestantismus, dass die Menschen nur durch die Gnade Gottes gerettet werden könnten, und nicht, wie dies die katholische Kirche lehrte, durch gute Taten („Protestantism").

In den 1530ern erreichte die Bewegung England, als sich König Henry VIII. vom Papst und der römisch-katholischen Kirche lossagte, wodurch die anglikanische *Church of England* geschaffen wurde, die noch heute die Staatskirche Englands ist („Church of England"). Diese Kirche entwickelte im Laufe der Jahrzehnte viele eigene Charakteristiken, welche eine Art Kompromiss zwischen der katholischen und der protestantischen Kirche darstellten (Adair 89-90).

Im Jahr 1553 kam in England jedoch zunächst die katholische Königin Mary Tudor an die Macht, unter deren Herrschaft Protestanten massiv verfolgt wurden (Adair 74-75). 1558 schließlich starb Mary, woraufhin ihre Halbschwester Elizabeth Tudor den Thron bestieg. Daraufhin wendete sich das Schicksal zugunsten der Protestanten. Elizabeths Ziel war es, die Menschen des Landes wieder zu vereinen. Sie verabschiedete Gesetze, welche bezweckten, den zuvor unterdrückten Protestantismus wiederherzustellen, jedoch in Form einer Kompromisslösung, die sowohl Konservativen als auch Gemäßigteren zusagte. Die aus dem Exil zurückkehrenden Protestanten, die unter Mary hatten fliehen müssen, begrüßten die neue Regelung; viele Puristen kritisierten jedoch, dass noch zu viele Elemente in der Kirche an den Katholizismus erinnerten, wie die mittelalterlichen Messgewänder, die noch immer getragen

---

[1] Evangelisch-lutherische Kirchen: Kirchen, die auf die Lehren Martin Luthers zurückgehen ("VELKD").

[2] Calvinistische Kirchen: Kirchen, die sich auf Johannes Calvin (1509–1564) berufen; der wichtigste Unterschied zu den lutherischen Kirchen besteht darin, dass alle Menschen Calvin zufolge bereits vor ihrer Geburt entweder für den Himmel oder die Hölle prädestiniert sind (Deuster).

[3] Anabaptische Kirchen: „Verschiedene religiöse Gruppen, die während der Reformation in Europa, insbesondere in Deutschland, den Niederlanden und der Schweiz, entstanden. Da ihre Anhänger die Erwachsenentaufe vollziehen, werden sie häufig auch Wiedertäufer genannt" ("(Wieder)Täufer").

[4] Siehe weitere Ausführungen.

wurden, das Kreuzzeichen und einige andere Dinge (83-85). Diese Gläubigen, die von Erzbischof Parker *Puritaner* genannt wurden, da sie die Kirche *läutern* (Englisch: *to purify*) wollten, hatten vor allem in der Hauptstadt großen Zulauf (Adair 86; „The Puritans Lecture"). Die Puritaner selbst mochten die Bezeichnung, die man ihnen gegeben hatte, jedoch nicht, da eine obskure Sekte im dritten Jahrhundert nach Christus diesen Namen getragen hatte (Adair 118). Im Laufe der Zeit setzte sich der Begriff jedoch durch, und auch die Mitglieder der Bewegung selbst begannen sich als *Puritaner* zu bezeichnen (Bremer 2).

Die Puritaner waren in erster Linie den Lehren Calvins zugetan, der einer der bedeutendsten protestantischen Reformatoren neben Martin Luther gewesen war und vor allem in Genf gewirkt hatte (Leigh Heyrman; *Calvin.de*). Doch sie kritisierten nicht nur die Kirche, sondern auch die Gesellschaft und Regierung. Sie waren davon überzeugt, dass die Regierung dafür zu sorgen habe, dass die öffentliche Moral eingehalten wurde; dies sollte durch offizielle Verbote von Trunkenheit, Glücksspiel, prunkvoller Kleidung, Fluchen und Missachtung des Sabbats erreicht werden (Leigh Heyrman). Auch bevorzugten die puritanischen Prediger einen einfachen Sprachstil, im Gegensatz zu ihren anglikanischen Rivalen, die einen kunstvolleren, oft mit lateinischen oder griechischen Zitaten ausgeschmückten Predigtstil hatten. Die Puritaner hingegen waren der Meinung, dass eine Predigt in einfacher Sprache gehalten sein sollte, damit das Volk diese auch verstehen könne (Adair 92-93). Es ist unschwer zu erraten, dass die Puritaner in England teilweise heftig kritisiert wurden, da sie eine von der Norm abweichende Minderheit darstellten. Kurz vor dem Bürgerkrieg (siehe unten) waren zum Beispiel in Yorkshire nur 138 der 679 Familien der Oberschicht Puritaner, und zu Zeiten von Königin Elizabeth waren es sogar noch weniger. Eine Minderheit wie die Puritaner, unter denen es nicht wenige lautstarke Eiferer gab, rief natürlich feindselige Reaktionen hervor, wenn sie die englische Gesellschaft kritisierte (98).

Nach Elizabeths Tod wurde James I. zum neuen Herrscher Englands gekrönt. James verabscheute die puritanische Religion und drohte den Puritanern damit, sie des Landes zu verweisen. Als Folge davon verließen einige tatsächlich ihre Heimat, um ihr Glück in der Neuen Welt zu suchen (Kreis). Einige Puritaner wurden sogar hingerichtet, weil sie sich geweigert hatten, an den offiziellen Gottesdiensten der anglikanischen Kirche teilzunehmen und stattdessen ihre eigenen Gottesdienste abgehalten hatten (Bremer 12).

Als James 1625 starb, wurde sein Sohn Charles I. sein Nachfolger. Charles war den Puritanern gegenüber sogar noch feindlicher eingestellt als sein Vater (Kreis). Während seiner Regentschaft wurde die Entfremdung zwischen Puritanern und der anglikanischen Kirche noch größer, da nun vermehrt an den Katholizismus erinnernde Praktiken eingeführt wurden, welche seitens der Puritaner mehr als kritisch betrachtet wurden (Bremer 14). Puritanische Geistliche wurden zunehmend ihrer Ämter enthoben, und übereifrige puritanische Laien wurden teilweise hart bestraft. So wurde beispielsweise im Jahr 1630 ein Mann zu lebenslänglicher Haft verurteilt und noch dazu brutal verstümmelt („America"). Im Jahr 1629 löste Charles das Parlament auf und regierte die nächsten elf Jahre als Alleinherrscher. 1642 schließlich kam es zum Bürgerkrieg zwischen dem König und dem Parlament – wobei die Puritaner auf der Seite des Parlaments standen –, welcher 1645 endete, als die parlamentarische Armee, die sogenannte *New Model Army*, das Heer des Königs besiegte. Die treibende

Kraft der *New Model Army* war der Puritaner Oliver Cromwell (Kreis; Hamm 14), ein religiöser Fanatiker, der sowohl sich selbst als auch die englische Bevölkerung für Gottes Auserwählte hielt. 1647 entkam Charles aus der Gefangenschaft und suchte sich in den Schotten Verbündete, was zu einem erneuten Ausbruch des Bürgerkriegs führte. Cromwell gelang es jedoch, die Truppen des Königs erneut zu besiegen („Oliver Cromwell"). 1649 schließlich wurde Charles hingerichtet und England zu einer Republik ausgerufen (Kreis), die von Oliver Cromwell geführt wurde. In Wirklichkeit herrschte Cromwell jedoch als diktatorischer Herrscher („Oliver Cromwell"), welcher das öffentliche Leben des Landes dezidiert nach puritanischen Wertvorstellungen gestaltete. Da Cromwell strikt gegen weltliche Vergnügungen war, wurden unter seiner Herrschaft Gasthäuser und Theater geschlossen und die Ausübung vieler Sportarten verboten. An Sonntagen waren jegliche nichtreligiösen Aktivitäten untersagt, selbst Spaziergänge wurden bestraft (Trueman).

    Nach Cromwells Tod im Jahr 1658 übernahm sein Sohn Richard kurzzeitig die Führung des Landes. Bereits zwei Jahre später wurde jedoch die Monarchie wieder etabliert, und Charles II. wurde zum König ernannt (Trueman). Mit der Wiederherstellung der Monarchie verschwand der Puritanismus in England größtenteils, vor allem deshalb, weil die Bewegung mit dem Bürgerkrieg und Cromwells tyrannischer Herrschaft assoziiert wurde. Der Puritanismus blieb jedoch noch lange Zeit als treibende Kraft in Nordamerika bestehen (Leigh Heyrman), ein Umstand, auf den ich im Folgenden näher eingehen möchte.

    Im Jahr 1609 hatten 35 Puritaner England verlassen und sich in Leyden, Niederlande, niedergelassen, in der Hoffnung, ihren Glauben dort freier ausleben zu können, als dies in ihrer Heimat der Fall war. Nach zehn Jahren des Aufenthaltes dort beschlossen sie jedoch, dass es für sie noch etwas Besseres geben musste als ein kleines Fleckchen Erde in einem Land, in dem sie Fremde waren. Da in Nordamerika bereits im Jahr 1607 die erste erfolgreiche englische Kolonie gegründet worden war, begann sich nun auch bei den Puritanern in den Niederlanden der Gedanke zu manifestieren, auf dem neuen Kontinent ihr Glück zu versuchen. Daraufhin bewarben sie sich bei der Virginia Company[5] um Landzuweisung und verließen schließlich im Jahr 1620 auf einem kleinen Schiff namens *Mayflower* den Hafen von Southampton in Richtung der Neuen Welt (Ralph Lewis). William Bradford, einer der Anführer der Gruppe, relativierte die Traurigkeit, die er und seine Landsleute beim Abschied verspürten, durch folgende Worte (Adair 120; Ralph Lewis): „But they knew they were pilgrims, and looked not much on those things, but lifted up their eyes to the heavens, their dearest country, and quieted their spirits" (qtd. in Adair 120). Durch diese berühmten Worte Bradfords entstand der erste Teil des bekannten Begriffs *Pilgerväter (Pilgrim Fathers)*, unter welchem die Siedler weltweit bekannt wurden. Der zweite Teil ist ebenfalls auf einen Satz Bradfords zurückzuführen (120): „May not and ought not the children of these fathers rightly say: ‚Our fathers were Englishmen which came over the great ocean, and were ready to perish in this wilderness'" (qtd. in Adair 120). Obwohl sich Bradford und seine Glaubensbrüder

---

[5] Virginia Company: Mit der Besiedlung Virginias beauftragte Aktiengesellschaft („Virginia Company").

selbst nicht als *Pilgrims* oder *Pilgrim Fathers* bezeichneten, ist dies bis heute die gängige Bezeichnung geblieben (120).

Die Reise der Puritaner verlief jedoch nicht wie geplant. Das Schiff kam vom Kurs ab und landete nicht in Virginia, welches das ursprüngliche Ziel gewesen war, sondern in Cape Cod, Massachusetts, auf unerschlossenem Gebiet, auf dem Indigene lebten. Nachdem die Siedler an Land gegangen waren, arbeiteten sie den sogenannten *Mayflower Compact* aus, ein Dokument, in welchem bestimmt wurde, wie die Kolonie regiert werden und welche Rechte die Siedler haben sollten (Ralph Lewis). Daraufhin wählten diejenigen, denen ein Wahlrecht zugebilligt wurde – die freien Männer – ihren ersten Gouverneur, einen Mann mit Namen John Carver (Adair 121). Die Siedler hatten sich jedoch eine denkbar schlechte Zeit ausgesucht. Es war bereits Dezember, und viele waren zu krank, um die harte Arbeit leisten zu können, welche das Erbauen einer Siedlung erforderte. Die Wenigen, die noch bei guter Gesundheit waren, errichteten Hütten und begannen, das Hinterland zu erkunden. Zu ihrem Glück stießen sie auf ihnen freundlich gesinnte Indigene, die sie durch die Wälder führten und ihnen überlebensnotwendige Fertigkeiten wie Fallenstellen, Jagen und den Anbau von Mais zeigten. Für die Hälfte der Siedler kam diese Hilfe jedoch zu spät, und sie starben noch während des ersten Winters. Die Überlebenden wandten jedoch im nächsten Frühjahr ihre neu erlernten Fertigkeiten an und konnten im Herbst des Jahres 1621 ihre erste Ernte einfahren. Voll Dankbarkeit feierten sie ein Fest (*Thanksgiving*), welches seit 1863 in den USA ein gesetzlicher Feiertag ist (Ralph Lewis).

Andere englische Puritaner folgten dem Beispiel der Pilgerväter. Zehn Jahre später wanderte eine viel größere Gruppe als die erste – beinahe eintausend Siedler – nach Amerika aus und siedelte in der Nähe der ersten Auswanderer, in der Gegend des heutigen Bostons. Diese Menschen verließen England, um der Regentschaft von Charles I. zu entkommen (siehe oben). Die Siedlung bei Boston prosperierte von Beginn an. Die Bevölkerungszahl wuchs stetig an, da immer mehr Puritaner England verließen. Später wurden die beiden Kolonien unter dem Namen *Massachusetts* miteinander vereint (O'Callaghan 17).

Die puritanischen Siedler begannen nun, eine nach ihren Vorstellungen ausgerichtete Gesellschaft aufzubauen und verabschiedeten Gesetze für verpflichtende Gottesdienstbesuche, gegen Trunkenheit und Ehebruch etc. (O'Callaghan 18). Die Mitgliedschaft in den amerikanischen puritanischen Kirchen wurde auf Menschen beschränkt, die als *Visible Godly* bezeichnet wurden, das heißt, jene Männer und Frauen, die ein aufrechtes und frommes Leben führten. Viele Gemeinden in Neuengland[6] hatten sogar noch strengere Voraussetzungen für die Aufnahme von Mitgliedern: Jeder, der sich als neues Mitglied bewerben wollte, musste zunächst öffentlich von einem Bekehrungserlebnis berichten (Leigh Heyrman). Die von den Puritanern etablierte Gesellschaft stieß jedoch auch auf Kritik. Roger Williams, ein puritanischer Geistlicher in einer Siedlung namens Salem, sprach sich dagegen aus, dass dieselben

---

[6] Neuengland: Ein Gebiet, welches die heutigen Bundesstaaten Connecticut, New Hampshire, Maine, Massachusetts, Rhode Island und Vermont umfasst und ursprünglich vor allem von Puritanern besiedelt war („New England").

Männer sowohl die Kirche als auch die Regierung kontrollierten. Williams glaubte, dass Kirche und Staat getrennte Elemente sein sollten und dass sich keiner in die Angelegenheiten des jeweils anderen einmischen dürfe. Williams wiederholte Kritik sorgte dafür, dass er schließlich verhaftet werden sollte. Er entkam jedoch und ging nach Süden; andere Puritaner, die ebenfalls mit der Art und Weise, in der Massachusetts geführt wurde, nicht einverstanden waren, schlossen sich ihm an. Am Ufer von Narragansett Bay etablierten Williams und seine Anhänger eine neue Kolonie namens *Rhode Island*, welche den Bürgern Religionsfreiheit und die Trennung von Kirche und Staat versprach (O'Callaghan 18).

Auf die weitere Entwicklung des Puritanismus in Amerika werde ich in Kapitel 4 „Puritaner und Quäker heute" eingehen.

2.2 Quäker

Die ersten Quäker waren – wie die Puritaner – englische Männer und Frauen, die in die politischen, religiösen und sozialen Umwälzungen der 1640er und 1650er Jahre in Großbritannien hineingezogen wurden. Sie waren und sind eine der auffälligsten und radikalsten aller protestantischen Glaubensrichtungen. Um die Entstehung des Quäkertums zu verstehen, muss man sich zunächst mit der Biografie von George Fox, dem Begründer dieser religiösen Strömung, auseinandersetzen (Hamm 13-14).

George Fox wurde im Jahr 1624 in Leicestershire in den englischen Midlands als Sohn einer puritanischen Familie geboren. Er erlebte als junger Mann ein Land, das von religiösen Divergenzen geprägt war, deren auffälligste Zeichen der Bürgerkrieg und die darauffolgende Herrschaft Oliver Cromwells waren. Als in jener Zeit die anglikanische Kirche durch den Aufschwung des Puritanismus eine massive Schwächung erlitt, löste dies eine Welle aus, die zu groß war, um zurückgehalten zu werden. In dieser tauchten Dutzende verschiedener religiöser Gruppierungen auf. Dies war die Welt, in der George Fox erwachsen wurde. Eigenen Aussagen zufolge war er ein ungewöhnlich frommer und ernster junger Mann, dem die Existenz der vielen verschiedenen christlichen Gruppierungen sehr zu schaffen machte. Woher sollte er wissen, welche von all diesen die „wahre" Religion war? Um eine Antwort auf diese Frage zu finden, begab er sich im Jahr 1643 auf eine Art Pilgerreise, auf der er nach Antworten suchte. Er wanderte durch Süd- und Mittelengland und suchte eine Reihe Geistlicher und Laien verschiedener Religionsgemeinschaften auf, aber niemand schien Antworten auf seine Fragen zu haben. Daher nahm er im Frühling des Jahres 1646 seine Wanderungen abermals auf, dieses Mal in den Norden Englands. Unterwegs begegnete Fox anderen, die ebenfalls auf der Suche nach der Wahrheit waren. Im Gespräch mit diesen anderen und durch eigenes Nachsinnen kam er zu einer Reihe von Schlussfolgerungen über die Natur des Christentums. Eine der ersten war, dass man allein durch ein Theologiestudium noch nicht zum Predigen qualifiziert sei. Eine weitere war, dass Gott nicht in von Menschenhand gemachten Gebäuden wohne, sondern in den Herzen der Menschen. Als ihm bewusst wurde, wie sehr seine Vorstellungen von denen der Geistlichen, die er unterwegs getroffen hatte, abwichen, desto sicherer war er sich, dass die Wahrheit nicht in deren Kirchen zu finden sei. Gegen Ende des Jahres

1646 hatte Fox ein Schlüsselerlebnis. Er glaubte, eine Stimme zu hören, welche zu ihm sprach (Hamm 14-15): „There is one, even Christ Jesus, that can speak to thy condition" (qtd. in Hamm 15). Diese Erfahrung führte Fox zu einer Reihe von Offenbarungserlebnissen, während derer er sich sicher war, dass Gott direkt zu ihm spreche. Im Laufe der nächsten drei Jahre wurden diese Offenbarungen zur Grundlage jener Bewegung, die später als Quäkertum bezeichnet werden sollte (15).

Im Zentrum von Fox' Lehre stand das *Licht Christi (the Light of Christ/the Inward Light/the Inner Light)*. Für Fox war dieses Licht Teil jedes Menschen. Er war überzeugt, dass jeder, der diesem Licht Beachtung schenkte, von Gott gerettet werden würde; wer es jedoch ignorierte, der würde verdammt sein. Darüber hinaus glaubte Fox, dass Gott sich den Menschen direkt und ohne irgendeinen Vermittler offenbare. Für viele seiner Zeitgenossen waren dies ketzerische Gedanken, die zu religiöser Anarchie führen konnten. Andere warfen ihm vor, die Bibel abzuwerten, da Fox dieser weniger Bedeutung beimesse als dem inneren Licht. Auch predigte Fox, dass die Möglichkeit bestünde, ein perfekter Mensch zu werden, der frei von jeglicher Sünde sei. Auch dies stand in scharfem Widerspruch zu den Ansichten fast aller anderer Religionsgemeinschaften der damaligen Zeit, welche der Meinung waren, dass aufgrund der Ursünde von Adam und Eva alle Menschen sündige Wesen seien, welche zwar danach streben müssten, ihre sündige Natur durch Gottes Gnade zu überwinden, dies jedoch niemals schaffen könnten. Fox teilte seine Ansichten mit anderen und predigte an verschiedenen Orten. Interessanterweise war eine der ersten Personen, die sich von seinen Predigten überzeugen ließ, eine Frau aus Nottinghamshire namens Elizabeth Hooten, welche schon bald eine Führungsposition in der Quäkerbewegung einnahm (Hamm 15-17).

Bezüglich der Namensgebung der Bewegung, die sich schon bald um seine Botschaft herum entwickelte, war Fox relativ flexibel. Er selbst bevorzugte zwar *Children of the Light*, verwendete aber auch andere Begriffe wie *Friends of the Truth, Royal Seed of God* oder *People of God*. Der Name, der sich später offiziell durchsetzte, war *Religious Society of Friends* (Hamm 17). Fox selbst zufolge stammte die Bezeichnung *Quäker* von einem Richter namens Bennet, der Fox und seine Anhänger im Jahr 1650 so nannte, weil sie ihn dazu aufgefordert hatten, vor dem Wort Gottes zu zittern[7] (Fox 22), woraufhin Bennett erwidert haben soll: „And quake, thou quaker, before the majesty of the law" (qtd. in Hamm 17). Bennet bezog sich hier auf ein Charakteristikum der frühen Quäker, während des Gebets in Ekstase zu zittern (Dandelion 39). Fox verbrachte daraufhin fast ein Jahr im Gefängnis (Hamm 17).

Nachdem er aus dem Gefängnis entlassen worden war, zog Fox in den Jahren 1651 und 1652 durch Yorkshire und Lancashire. In dieser Zeit gewann er viele Anhänger. Im Sommer des Jahres 1652 war er in Swarthmoor Hall in Ulverston, dem Herrenhaus des Richters Thomas Fell und seiner Frau Margaret, zu Gast. Margaret Fell wurde zur bedeutendsten Anhängerin des frühen Quäkertums, und Swarthmoor Hall zum organisatorischen Zentrum der Bewegung. Im Laufe des nächsten Jahrzehnts schlossen sich Tausende von Menschen den Quäkern an. Obwohl die Nennung genauer Zahlen schwierig ist, schätzt man doch, dass es

---

[7] Quake: zittern, beben („Quake").

um 1660 herum ca. fünfzigtausend waren. Von seinen frühen Hochburgen im Norden Englands aus verbreitete sich das Quäkertum in den Süden und Osten des Landes. Um 1660 hatten die Quäker in jedem Bezirk eine Gemeinde. Zeitgleich zum enormen Anwachsen der Bewegung wurde diese jedoch auch mit beträchtlicher Verfolgung konfrontiert. Das Wachstum des Quäkertums ist angesichts der beträchtlichen Feindseligkeit, die der Bewegung entgegenschlug, daher umso beeindruckender. Viele der Gegner sahen das Quäkertum als die schlimmste aller Häresien an, die aus dem Bürgerkrieg entstanden waren. Daher wurden die Quäker oftmals aus den Städten verjagt und der Hexerei oder des Hochverrats angeklagt. Viele wurden wegen Blasphemie und Landstreicherei eingesperrt (Hamm 17-18).

Doch weshalb sahen sich die Quäker mit solch vehementer Opposition konfrontiert? Einer der Gründe war, dass sie eine Vielzahl theologischer und sozialer Konventionen infrage stellten. Darüber hinaus hatten die Menschen jener Zeit das Gefühl, dass ihre Welt aus den Fugen geraten sei, und die Quäker bestärkten dieses Gefühl noch. Beispielsweise spielten Frauen in der Bewegung eine weitaus größere Rolle, als dies normalerweise üblich war. Fox und andere frühe Quäker argumentierten, dass Frauen den Männern auf spiritueller Ebene gleichgestellt seien und daher dasselbe Recht wie die Männer hätten, zu predigen. Zwar akzeptierten die frühen Quäker die meisten von der Gesellschaft diktierten Unterschiede zwischen Männern und Frauen, aber zu sagen, dass eine Frau genauso wie ein Mann predigen könne, war damals eine radikale Vorstellung. Darüber hinaus verstärkten die Quäker ihre bedrohliche Aura noch zusätzlich mit Verhaltensweisen und Überzeugungen, die sogar heutigen Menschen bizarr vorkommen würden. Fox implizierte beispielsweise in einigen seiner frühen Schriften, dass er der auf die Erde zurückgekehrte Christus selbst sei und Wunder vollbringen könne. Auch unterbrachen die Quäker oftmals die Gottesdienste anderer Religionsgemeinschaften, kommentierten deren Predigten und versuchten, die Gottesdienstbesucher von dem zu überzeugen, was sie selbst als die Wahrheit ansahen (Hamm 18-19).

Ein Wendepunkt für die Quäker, und ein Dämpfer für die Radikaleren der Bewegung, kam im Herbst des Jahres 1656 mit dem Fall von James Nayler, der zu einem der einflussreichsten frühen Quäkerprediger geworden war (Hamm 20). Nayler spielte in Bristol mit einer Gruppe von Gefolgsleuten den Einzug Christi in Jerusalem am Palmsonntag nach. Daraufhin wurde er wegen Blasphemie verurteilt, öffentlich verstümmelt und inhaftiert (Hamm 21; Dandelion 20). Die übrigen Quäker distanzierten sich daraufhin sehr schnell von Nayler und wurden bezüglich ihrer öffentlichen Darstellungen vorsichtiger. Die daraufhin folgende Abnahme von öffentlichen Störungen war jedoch nicht genug, um die Quäker den Mächtigen des Landes und auch dem Großteil der Bevölkerung als akzeptabel erscheinen zu lassen. Als sich das Quäkertum langsam etablierte, wurden andere Eigentümlichkeiten zur Grundlage der Bewegung, Eigentümlichkeiten, welche dafür sorgten, dass andere die Quäker als Bedrohung empfanden (Hamm 21).

An erster Stelle stand hier der Gottesdienst der Quäker, bei welchem es keine offiziellen Priester gab. Die Quäker glaubten, dass alle Christen Prediger sein könnten und auch sollten. Ihre Gottesdienste involvierten keine festgelegte Liturgie oder irgendwelche Rituale. Sie versammelten sich einfach und warteten in Stille. Dies führte dazu, dass ihre Bewegung als religiöse Anarchie aufgefasst wurde. Genauso radikal war die Meinung der Quäker bezüglich der Sakramente. Für sie waren diese ausschließlich spiritueller Natur. Daher feierten sie kein Abendmahl mit Brot und Wein und tauften ihre Kinder nicht mit Wasser. Für die englische Oberschicht war jedoch vor allem der Glaube der Quäker an spirituelle Gleichberechtigung ein Dorn im Auge. Dies bedeutete zwar nicht, dass die Quäker in irgendeiner Art und Weise versucht hätten, die gesellschaftliche Ordnung umzuwälzen; sie akzeptierten die Tatsache, dass manche herrschten und andere beherrscht wurden, aber sie lehnten die Respekts- und Ehrenbezeugungen ab, welche die Grundlage der gesamten europäischen Zivilisation jener Zeit bildeten (Hamm 21-22).

Das erste Mitglied der Quäkerbewegung, welches die Neue Welt betrat, war eine Frau namens Elizabeth Harris. Sie bereiste im Jahr 1655 oder 1656 die Chesapeake-Region und weckte das Interesse von Puritanern sowohl in Virginia als auch in Maryland. 1662 hatten bereits fast sechzig Quäker die beiden Kolonien besucht, und es waren mehrere Quäkergemeinden etabliert worden. Nach 1660 war Maryland den Quäkern gegenüber relativ tolerant, aber in Virginia war dies nicht der Fall. Dort wurden die Quäker wegen ihrer Weigerung, die Gottesdienste der etablierten Kirche zu besuchen und den Zehnten an diese zu zahlen, oftmals eingesperrt. Deshalb entschieden sich viele Quäker dazu, weiter in den Süden zu ziehen, in die Region des heutigen North Carolina. 1656 unternahmen englische Quäker einen entschlosseneren Versuch, Menschen in Amerika zu ihrem Glauben zu bekehren. Als zwei Quäkerinnen die puritanische Kolonie Massachusetts besuchten, wurden sie jedoch sofort eingesperrt, ihre Bücher verbrannt und sie selbst nach Hexenmalen untersucht, bevor sie auf ein Schiff gebracht wurden, das sie nach Barbados abschob. Andere Quäker, die bald darauf ankamen, wurden ähnlich behandelt. Es wurde sogar ein Gesetz erlassen, dass alle Schiffskapitäne, die Quäker in die Kolonie brächten, eine Geldstrafe zahlen müssten. Trotzdem bauten im Jahr 1657 englische Quäker ihr eigenes kleines Schiff und erreichten damit Amerika. Zwischen 1656 und 1659 besuchten mindestens dreiunddreißig Quäker Massachusetts. Alle wurden vertrieben, oft begleitet von brutalen Strafen. Alle, die sich zum Quäkertum bekehrten, erfuhren eine ähnlich harsche Behandlung, wurden verbannt und ihre Habe konfisziert. Im Jahr 1659 schließlich verabschiedete Massachusetts ein Gesetz, dass jeder Quäker, der in die Kolonie zurückkehrte, nachdem er zweimal verbannt worden war, zum Tode verurteilt werden würde. Solche Gesetze und Verfolgungsaktionen zogen die Quäker jedoch nur noch mehr an, da sie darin die Gelegenheit sahen, für ihren Glauben zu leiden und die Schlechtigkeit ihrer Verfolger zu demonstrieren. 1659 und 1660 schließlich wurden vier Quäker gehängt (Hamm 22-23).

Die Puritaner sahen im Quäkertum eine unheimliche Bedrohung für ihre Gesellschaft, die sie in der amerikanischen Wildnis aufzubauen versuchten. Die Überzeugungen der Quäker, besonders bezüglich der Bibel, der direkten Offenbarung, den Sakramenten und dem Priestertum, betrachteten sie als Blasphemie, und sie sahen es als ihre Pflicht an, diese auszurotten. Aber auch die gesellschaftlichen Besonderheiten des Quäkertums wie die Rolle der Frauen und ihre Weigerung, Autoritäten Respekt zu bezeugen, erschien den Puritanern als eine direkte Bedrohung ihrer gesellschaftlichen Ordnung. Schließlich brachte ein königlicher Befehl aus dem Jahr 1661, der von den Quäkern in England erwirkt worden war, die Exekutionen zu einem Ende, obwohl Schikanen anderer Art weitergingen (Hamm 23-25). Schließlich gab es nur noch wenige Quäker in Massachusetts, und diese waren vor allem auf Salem, das heutige Maine, und auf die Gegend um Cape Cod beschränkt (23).

Rhode Island, die einzige Neuenglandkolonie, die auf der Basis von religiöser Toleranz gegründet worden war, war den Quäkern gegenüber am offensten. Die Kolonie hatte eine Reihe verschiedener Nonkonformisten und Andersdenkender angezogen, und viele von diesen wandten sich der Botschaft der Quäker zu. Bald blühte das Quäkertum in Rhode Island und wurde dort zu einer treibenden politischen Kraft. Die Quäker versuchten schließlich in den 1650ern auch die niederländische Kolonie Neu-Niederlande zu besiedeln. Der Gouverneur Peter Stuyvesant war den Quäkern gegenüber jedoch nicht rücksichtsvoller als die Befehlshaber der puritanischen Kolonien und befahl die Verhaftung von Quäkermissionaren und denen, die ihnen Zuflucht gewährten. Die Sympathisanten der Quäker protestierten jedoch dagegen, und schließlich beschloss die Regierung, die Quäker nicht mehr zu verfolgen, solange sie friedlich blieben. Diese Politik wurde auch dann fortgesetzt, als die Engländer 1664 die Kolonie eroberten und in *New York* umbenannten (Hamm 23-24).

In den 1660ern hatten die Quäker also auf dem nordamerikanischen Kontinent Fuß gefasst. Der große Zustrom von Quäkern kam jedoch erst nach 1680, als Folge der Entwicklungen in England (Hamm 24):

1660 hatte es in England, wie in Kapitel 2.1 erläutert, einen politischen Umsturz gegeben. Der Regierung, die zwei Jahre lang durch Oliver Cromwells Sohn geleitet worden war, wurde durch die Wiedereinführung der Monarchie unter König Charles II. ein Ende gesetzt (Hamm 24; Trueman). Dieser politische Umsturz hatte weitreichende Folgen für die Quäker, da das neue Parlament voller Royalisten war, die religiös Andersdenkende mit politischem Umsturz assoziierten. Daher hatten sie für die Quäker kein Verständnis. Zwischen 1661 und 1664 erließ das Parlament eine Reihe von Gesetzen, welche die Gottesdienste der Quäker verboten. Noch schwieriger wurde es für die Quäker, als sie sich weigerten, den Zehnten an die gesetzlich etablierte *Church of England* zu zahlen und dem König den Treueeid zu schwören. Als Ergebnis wurden zwischen 1661 und 1689 tausende von Quäkern inhaftiert oder mit Geldstrafen belegt. Fox selbst war beispielsweise zwischen 1663 und 1668 fast pausenlos im Gefängnis. Mindestens fünfhundert Quäker starben dort sogar (Hamm 24-25).

Nach 1660 änderte sich das Quäkertum, und öffentliche Demonstrationen wie die Unterbrechung von Gottesdiensten ebbten – wie oben angesprochen – erheblich ab. Die Grundlagen des quäkerischen Glaubens blieben dieselben, wurden jedoch immer strukturierter und immer weniger überschwänglich. Ein Anzeichen dafür war, dass sich die Quäker in den 1660ern zu organisieren begannen, teilweise als Reaktion auf die Verfolgungen, aber auch, um ihre Mitglieder effektiver kontrollieren zu können. Dazu organisierten sie ihre Gemeinden in Monats-, Vierteljahres- und Jahresversammlungen; diese Struktur haben die meisten Gemeinden bis heute beibehalten. In diesem Zuge entstand auch eine neue Generation von spirituellen Führern. Einer der einflussreichsten jener Zeit war William Penn. Penn war im Jahr 1644 als Sohn eines Admirals geboren worden und hatte sich 1667 den Quäkern angeschlossen. In der Folgezeit wurde er zu einem der bedeutendsten Prediger des quäkerischen Glaubens und verschaffte seinen Glaubensbrüdern Zutritt zu Kreisen, die ihnen vorher verwehrt geblieben waren, sogar zu König Charles II. selbst. Penn nutzte diesen Einfluss schließlich auf eine Art und Weise, die einen wesentlichen Einfluss auf die Zukunft der Bewegung haben sollte (Hamm 25-26): Im Jahr 1681 bekam er eine Kolonie in Amerika als königliches Patent zugesprochen. Zwar hatten die Quäker bereits in den 1670er Jahren versucht, eine Kolonie im Westen von New Jersey zu gründen, aber ihre Hauptkolonie wurde das nach William Penns Vater benannte Pennsylvania (Hamm 27; Dandelion 14-15). Als alleiniger Eigentümer hatte Penn die absolute Macht über die Kolonie und ihre Regierungs- und Siedlungsform. Es ist daher nicht verwunderlich, dass er sie nach den Prinzipien des quäkerischen Glaubens formte, wodurch Pennsylvania zur ersten Gesellschaft der Welt wurde, die auf diesen Normen gründete. Penn glaubte, dass seine Kolonie für die ganze Welt Modellcharakter haben könne. Er garantierte vollkommene Religionsfreiheit und bestimmte, dass es für keine Religionsgemeinschaft, auch nicht für die Quäker, offizielle Unterstützung seitens des Staates geben solle, und es wurde auch keine Armee aufgestellt. Das Strafrecht war im Vergleich zum englischen relativ mild; die Todesstrafe wurde nur bei Verrat und Mord angewandt, und nicht wie in England bei zahlreichen kleineren Vergehen. Darüber hinaus versuchte Penn, die Besiedlung voranzutreiben, indem er Land zu geringen Kosten verfügbar machte und die Migration von Familien anstelle von jungen männlichen Abenteurern förderte, die in anderen Kolonien wie Virginia beträchtliche Probleme verursachten. Aufgrund all dieser Gründe zog es schon bald viele Quäker von Großbritannien nach Pennsylvania. Die Migrationswelle begann 1681, und bis zum Ende des Jahres 1683 waren mehr als dreitausend Quäker in der Kolonie angekommen (Hamm 27-28).

Das Projekt der Koloniegründung erwies sich als ein Erfolg. Die Kombination von relativ fruchtbarem Boden und hartarbeitenden Bauernfamilien machten Pennsylvania bald zu einem reichen Gebiet, das immer mehr Immigranten anlockte. Um 1700 herum betrug die Bevölkerungszahl bereits 20.000, wovon die meisten keine Quäker waren (Hamm 28).

Die weitere Entwicklung des Quäkertums in Amerika werde ich in Kapitel 4 „Puritaner und Quäker heute" behandeln.

2.3 Vergleich

Bezüglich ihrer Geschichte gibt es bei den Puritanern und Quäkern einige Parallelen, jedoch auch einige Unterschiede. Eine sehr auffällige Gemeinsamkeit ist ihre Herkunft: Beide stammten aus England und hatten ihre Wurzeln im Protestantismus. Der Puritanismus entwickelte sich dabei etwas früher, nämlich bereits im 16. Jahrhundert, während das Quäkertum in den 1640er und 1650er Jahren entstand. Während jedoch ein großer Teil des Gedankenguts der Puritaner auf den Lehren Calvins basierte, also auf bereits existierenden Theorien, gab es für das Quäkertum bis dato kein Vorbild. Es entstand durch den Engländer George Fox, der seine revolutionären Theorien selbst entwickelte bzw. darauf bestand, dass Gott ihm diese eingegeben habe.

Eine weitere Parallele ist, dass sowohl Puritaner als auch Quäker sehr radikale Gruppen waren. Beide übten massive Kritik an der Gesellschaft, und bei beiden gab es teilweise laufstarke Eiferer; dies konnte bei den Quäkern sogar so weit gehen, dass sie die Gottesdienste anderer Religionsgemeinschaften unterbrachen.

Bezüglich der Namensgebung beider Gruppierungen besteht eine weitere Gemeinsamkeit: Sowohl *Puritaner* als auch *Quäker* waren ursprünglich pejorative Bezeichnungen gewesen, welche den Mitgliedern der jeweiligen Bewegung von ihren Gegnern verliehen worden waren und die sich im Laufe der Zeit als die üblichen Benennungen durchsetzten.

Auch wurden beide in England mit massiver Verfolgung konfrontiert. James I. drohte den Puritanern damit, sie des Landes zu verweisen und ließ einige sogar hinrichten, und Charles I. ließ puritanische Geistliche ihrer Ämter entheben und teilweise auch Laien hart bestrafen. Die Quäker wurden sogar noch massiver verfolgt als die Puritaner; so wurden sie häufig verjagt und des Hochverrats angeklagt, tausende von ihnen wurden inhaftiert und viele starben im Gefängnis. Ein signifikanter Unterschied besteht hier jedoch: Die Puritaner waren, als sie einmal Nordamerika erreicht hatten, vor Verfolgung geschützt. Als die Quäker jedoch in die Neue Welt auswanderten, waren sie zunächst auch dort nicht erwünscht. In der puritanischen Kolonie Massachusetts eintreffende Quäker wurden eingesperrt und verbannt, vier Quäker wurden sogar gehängt. Die Puritaner sahen die Quäker als Bedrohung, da viele ihrer Theorien einen solchen Gegensatz zu ihren eigenen Überzeugungen darstellten, dass sie diese nicht tolerieren wollten. Daraufhin sahen sich die Quäker größtenteils gezwungen, in das tolerantere Rhode Island auszuwandern. Als 1681 schließlich William Penn die Kolonie Pennsylvania als königliches Patent zugesprochen bekam, hatten die Quäker endlich ein eigenes Fleckchen Erde, das sie nach ihren Vorstellungen gestalten konnten.

Ein weiterer Unterschied zwischen Puritanern und Quäkern bestand darin, dass es die Puritaner tatsächlich einige Jahre, nämlich unter der Herrschaft Oliver Cromwells, schafften, das öffentliche Leben in England nach ihren Wertvorstellungen zu ordnen, während dies den Quäkern in England nie gelang. Allerdings verschwand der Puritanismus nach der Wiederherstellung der Monarchie in England größtenteils wieder, sodass die Etablierung einer puritanischen Gesellschaft dort auf wenige Jahre beschränkt blieb. In Amerika hingegen gelang es beiden Gruppierungen, ihre jeweiligen Kolonien nach ihren Vorstellungen zu formen. Was beide nach Amerika brachte, war der Wunsch, Verfolgung oder zumindest Unterdrückung zu entkommen und in der Neuen Welt ihren Glauben ausleben zu können. Interessant ist jedoch an dieser Stelle, dass die Puritaner in Amerika schon bald von Verfolgten zu Verfolgern wurden, als sie vehement gegen die Quäker vorgingen.

3 Detaillierte Analyse von religiösen und sozialen Vorstellungen

3.1 Puritaner

In diesem Kapitel werde ich die Meinungen verschiedener Mitglieder der puritanischen Religion zu einer Bandbreite unterschiedlicher Themen untersuchen. Da ich zu den meisten Themen mehrere Autoren zitieren werde und fortlaufende Biografien im Text zu Unleserlichkeit führen würden, möchte ich die Personen, aus deren Werken zitiert wird, im Folgenden gesammelt anführen.

3.1.1 Biografien

Peter Bulkeley (1583-1659): Bulkeley war der Sohn von Reverend Edward Bulkeley. Er wurde 1583 in Odell, Bedfordshire in England geboren und wurde im Jahr 1610 Pastor der Kirche *Church of All Saints*. Später nahm er den puritanischen Glauben an und widersetzte sich den religiösen Ansichten des Erzbischofs von Canterbury, weshalb er 1634 vom Dienst suspendiert wurde. Im darauffolgenden Jahr emigrierte er nach Amerika und ließ sich in der Gegend um Boston nieder (Dutkanicz, *Biographies* vii).

John Cotton (1584-1652): Cotton wurde 1584 in Derby, England, geboren. Im Jahr 1612 wurde er Pastor der Kirche *St. Botolph's Church* in Boston, Lincolnshire. Während der nächsten 21 Jahre nahm Cottons Kritik an der anglikanischen Kirche stetig zu, und er begann sich dem Puritanismus zuzuwenden. 1632 floh er nach einer Anklage nach Amerika und ließ sich in Massachusetts nieder, wo er als Pastor tätig war (Dutkanicz, *Biographies* vii).

Thomas Hooker (1586-1647): Hooker wurde 1586 in Leicester, England, geboren. Er war zunächst als puritanischer Dozent in Chelmsford tätig. Nachdem er drei Jahre lang in Holland gelebt hatte, wanderte er 1633 nach Amerika aus und ließ sich in Massachusetts Bay nieder, wo er fortan als Pastor tätig war (Dutkanicz, *Biographies* vii).

John Winthrop (1588-1649): Winthrop wurde 1588 in Groton, Suffolk in England geboren. Er war in London als Jurist tätig, wurde jedoch wegen seiner puritanischen Einstellungen verfolgt, da er sich vehement dafür einsetzte, dass die letzten Reste des römisch-katholischen Glaubens abgeschafft und Sünden wie Missachtung des Sabbats und Ehebruch strenger bestraft würden. Schließlich wurde Winthrop eine Charta für die Massachusetts Bay Colony zugestanden, wo er im Jahr 1630 mit 700 Siedlern landete. Bis zu seinem Tod im Jahr 1649 diente er zwölf Amtsperioden lang als Gouverneur von Massachusetts (Dutkanicz, *Biographies* vii-viii).

Charles Chauncy (1591-1671/72) (Miller and Johnson, *Charles Chauncy* 704): Chauncy wurde in Yardley-Bury, Hertfordshire in England geboren („Charles Chauncy"). Er galt als einer der gebildetsten Männer seiner Zeit. Nachdem man ihn in England zum Schweigen gebracht hatte, emigrierte er im Jahr 1638 nach Neuengland und wurde zunächst in Plymouth und später in Scituate Pastor. 1654 bot man ihm den Posten des Präsidenten der Harvard-Universität an, welchen er bis zu seinem Tod im Jahr 1671/72[8] innehatte (Miller and Johnson, *Charles Chauncy* 704-705).

Thomas Shepard (1605-1649): Shepard wurde 1605 in Towcester, England, geboren. Er arbeitete als Pastor, was ihm jedoch schließlich wegen seiner puritanischen Ansichten von Erzbischof Laud verboten wurde. Shepard entschied sich deshalb, nach Neuengland auszuwandern. 1636 gründete er in Cambridge, das damals noch *New Town* hieß, eine Kirche (Dutkanicz, *Biographies* viii).

John Milton (1608-1674): Milton wurde im Jahr 1608 in London geboren. Seinen ursprünglichen Plan, der Geistlichkeit beizutreten, gab er zugunsten einer Karriere als Poet auf. Während des englischen Bürgerkrieges setzte er sich für die Puritaner und Oliver Cromwell ein und diente als Sekretär für Fremdsprachen in Cromwells Regierung. Nach der Wiederherstellung der Monarchie wurde er deshalb verhaftet, jedoch bald wieder freigelassen. Den Rest seines Lebens verbrachte er in Abgeschiedenheit und widmete sich seiner Tätigkeit als Autor („John Milton").

Anne Bradstreet (1612-1672): Anne Bradstreet (geb. Dudley) wurde 1612 in Northampton, England, geboren. Im Alter von 16 Jahren heiratete sie Simon Bradstreet und wanderte mit ihm 1630 nach Amerika aus („Biography of Anne Bradstreet"), wo sie mit ihm auf einer Farm in der Nähe des Merrimac River lebte. In ihrer freien Zeit schrieb sie Gedichte und Lieder, welche teilweise von ihrem Schwager in London publiziert wurden. 1678 wurden weitere ihrer Gedichte posthum in Boston veröffentlicht (Miller and Johnson, *Anne Bradstreet* 561).

Peter Sterry (1613-1672) („Sterry, Peter"): Sterry wurde in Surrey, England, geboren. Nach dem Besuch des Emmanuel Colleges in Cambridge wurde er Prediger und wurde später zu Oliver Cromwells Kaplan ernannt. Darüber hinaus war er Mitglied der Westminster Assembly („Rev Peter Sterry").

Richard Baxter (1615-1691) („Richard Baxter", *Ökumenisches Heiligenlexikon*): Baxter wurde im Jahr 1615 in Rowton, Shropshire in England geboren. Er wurde Pastor und im Jahr 1638 zum Diakon ernannt. Er entwickelte puritanische Ansichten und diente während des Bürgerkrieges als Geistlicher der Parlamentsarmee. Seine religiösen Überzeugungen machten ihn nach der Wiedereinführung der Monarchie jedoch unbeliebt bei den Führern der anglikanischen Kirche, weshalb er 1662 seine Stelle verlor („Richard Baxter", *Spartacus*) und

---

[8] Chauncys genaues Todesdatum ist unklar (Miller and Johnson, *Charles Chauncy* 704; „Charles Chauncy").

fortan als Wanderprediger tätig war und religiöse Schriften verfasste („Richard Baxter", *Ökumenisches Heiligenlexikon*).

Increase Mather (1639-1723): Mather wurde 1639 in Dorchester, Suffolk County, Massachusetts geboren. 1657 ging er nach Irland, um dort zu studieren. Später wurde er Kaplan der englischen Garnison in Guernsey. Aufgrund seiner puritanischen Ideale war er jedoch dazu gezwungen, nach Amerika zurückzukehren, wo er bis zu seinem Tod im Jahr 1723 als Pastor in Boston tätig war (Dutkanicz, *Biographies* viii).

Samuel Willard (1640-1707): Willard wurde 1640 in Concord, Massachusetts, geboren. 1663 wurde er in Groton Pastor. Nachdem die Stadt 1675 jedoch während des *King Philip's War* zerstört worden war, ließ er sich mit seiner Familie in Boston nieder, wo er zum Hauptpastor der Kirche *Old South Church* ernannt wurde. Im Jahr 1700 wurde er zum Vizepräsidenten der Harvard-Universität designiert (Dutkanicz, *Biographies* viii-ix).

Cotton Mather (1663-1728): Mather wurde 1663 in Boston, Massachusetts, geboren, wo er sein ganzes Leben bis zu seinem Tod im Jahr 1728 verbrachte. Er war der Sohn des bekannten Predigers Increase Mather. 1685 wurde er ebenfalls Pastor und somit der Kollege seines Vaters (Dutkanicz, *Biographies* ix).

Jonathan Edwards (1703-1758): Edwards wurde 1703 in East Windsor, Connecticut, geboren. Im Jahr 1728 wurde er in Northampton, Massachusetts, Pastor. 1750 wurde er jedoch entlassen, da er sich weigerte, das Abendmahl an diejenigen auszuteilen, bei denen es keine ausreichenden Beweise gab, dass sie tatsächlich bekehrt waren. Daraufhin zog er nach Stockbridge, wo er versuchte, die dortigen Indigenen zu missionieren. Sieben Jahre später wurde er zum Präsidenten der Princeton-Universität gewählt; er starb jedoch nur ein Jahr später (Dutkanicz, *Biographies* ix).

3.1.2 Religion und Gottesbild

Die Puritaner, die im Jahr 1630 unter der Führung von John Winthrop in Massachusetts an Land gingen, waren der Überzeugung, dass sie in Amerika ein neues Israel errichten würden. Das biblische Bild des Heiligen oder Versprochenen Landes prägte daher schon sehr früh das Selbstverständnis der puritanischen Siedler, welche sich mit dem Volk Israel gleichsetzten und die Neue Welt mit einem neuen Land Kanaan. Dies führte zu dem unerschütterlichen Glauben, Gottes auserwähltes Volk zu sein (May; Winthrop 53).

Das wichtigste diesbezügliche Dokument ist John Winthrops berühmte Predigt „A Modell of Christian Charity", welche er im Jahr 1630 auf der Überfahrt von Großbritannien nach Neuengland verfasste (53). Sein Ziel war es, die auf dem Schiff anwesenden Puritaner, die aus verschiedenen Teilen Englands kamen und unterschiedliche Hintergründe hatten, zu einer Gemeinschaft zusammenzuschweißen. So ermahnte er sie, dass sie sowohl mit Gott als auch miteinander ein Bündnis eingegangen seien und daher ihre individuellen Bedürfnisse hinter die der Gemeinschaft stellen sollten (Bremer 18-19). In der wichtigsten und berühmtesten Passage seiner Predigt betont Winthrop, dass sie wie eine Stadt auf einem Hügel sein sollten, da die Augen aller Völker auf ihnen weilten: „[...] for wee must consider that wee shall be as a city upon a hill, the eies of all people are uppon us [...]" (Winthrop 64). Ich denke, es ist an dieser Stelle wichtig, hervorzuheben, dass die Puritaner sich von Anfang an vorgenommen hatten, ein leuchtendes Vorbild zu sein, an dem sich die ganze Welt ein Beispiel nehmen sollte. Dies bedeutete andererseits jedoch auch die Verpflichtung, dieser Vorbildfunktion durch besonders moralisches Verhalten nachzukommen:

> [...] now if the Lord shall please to hear us, and bring us in peace to the place wee desire, then hath hee ratified this covenant and sealed our commission, and will expect a strickt performance of the articles contained in it [...]. (64)

Auch Samuel Willard äußert sich in seiner Predigt mit dem Titel „The Death of a Saint" zu diesem Thema. Zunächst spricht er allgemein über den Tod eines *Heiligen* (also eines von Gott Erwählten) und später über den konkreten Tod eines Mitglieds seiner Gemeinde (114-117). Er betont, dass man beim Tode eines Menschen, der ein Heiliger gewesen sei, viel eher um den Verlust eines Erwählten als um den Tod eines nahen Menschen trauern solle:

> *When the Saints die let us mourn:* [...] it should more effect our hearts at the thoughts of this that they were *Saints*, then that they were our father, or mother, or brethren [...]; but a *Saint*, though he be a private Christian, is yet, when he dies a, publick loss, and deserves the *tears of Israel* [...]. (114)

Interessant ist an dieser Stelle, dass wiederum die Israel-Thematik aufkommt; Willard sagt hier explizit, dass der Tod eines auserwählten Menschen die *Tränen Israels* verdiene, womit er, wie viele andere Prediger vor ihm, die nach Neuengland ausgewanderten Puritaner mit dem Volk Israel des Alten Testaments assoziiert. Nach einigen allgemeinen Aussagen über Heilige geht er schließlich auf das oben erwähnte verstorbene Gemeindemitglied ein, welches er ebenfalls als Heiligen bezeichnet: „[...] this outshines them all; that he was a Saint [...]" (116). Jener Mann, so Willard, sei lediglich ein Pilger auf der Erde gewesen und sein wahrer Wohnort sei im Himmel: „[...] bespake him not to be of this world, but a pilgrim on the earth, a citizen of Heaven [...]" (116). Ich denke, dass dieser Abschnitt deutlich die Überzeugung der Puritaner reflektiert, dass nur wenige Menschen (nämlich die *Heiligen, Saints*) von Gott auserwählt seien und dass sie selbst, oder zumindest ein Teil von ihnen, zu diesen Auserwählten gehörten. Auch zeigt sich hier die Tendenz der Puritaner, sich mehr auf das Leben im Jenseits als das im Diesseits zu konzentrieren und sich selbst lediglich als eine Art Pilger oder Wanderer zu sehen, deren wahre Heimat im Himmel war. Man denke an dieser Stelle nur an den Begriff *Pilgrim Fathers*, welcher sich auf die Puritaner bezieht, welche 1620 in Amerika landeten (siehe 2.1).

Einer der zentralsten Punkte des puritanischen Glaubens war die sogenannte Prädestinationslehre. Diese war zuerst von Johannes Calvin entwickelt und später von einer Reihe weiterer religiöser Gruppen übernommen worden. Calvin war der Meinung, dass Menschen schon von Geburt an hoffnungslos sündige Wesen seien, da sie die Erbsünde Adams und Evas in sich trügen. Calvin lehrte aber auch, dass Gott eine kleine Zahl von Auserwählten vor dem Schicksal des ewigen Höllenfeuers bewahren würde. Diese auserwählte Gruppe von *Heiligen* würde an irgendeinem Punkt ihres Lebens mit der inneren Überzeugung gesegnet werden, dass sie Gottes Gnade besäßen (Leigh Heyrman). Das heißt, der Prädestinationslehre zufolge war alles, das in der Welt geschah, von Gott vorhergesehen und vorherbestimmt („The Puritans Lecture"): Den einen war es vorherbestimmt, gerettet zu werden, und den anderen, verdammt zu sein, und nichts, was die Menschen in ihrem Leben unternahmen, konnte daran etwas ändern. Zwar hätten es alle Menschen verdient, ewigen Höllenqualen ausgesetzt zu werden, doch Gott in seiner unendlichen Güte habe sich entschieden, einige Menschen vor diesem Schicksal zu erretten (Bremer 39). Dies sei mittels des Opfers Jesu Christi geschehen, welches als ein Geschenk für die von Gott Auserwählten betrachtet wurde. Die folgende Transformation eines Sünders, welcher den Tod verdiente, zu einem Auserwählten, dem der Himmel versprochen wurde, wurde gemeinhin als *Bekehrung* bezeichnet. Für gewöhnlich hatten Puritaner dieses Bekehrungserlebnis im jungen Erwachsenenalter; dieses konnte jedoch auch erst später im Leben auftreten oder ein sich langsam vollziehender Prozess sein (42).

Mit dem Thema der Prädestinationslehre setzt sich Increase Mather in der folgenden Predigt mit dem Titel „Predestination and Human Exertions" intensiv auseinander. Zunächst spricht er davon, dass es Sünder gebe, die auf die Frage, warum sie ihr Leben nicht reformierten, antworteten, dass Gott ihnen seine Gnade verweigere und sie sich nicht selbst konvertieren könnten. Mather ist jedoch der Meinung, dass es falsch sei, Gott dafür die Schuld zu geben, da Gott als allmächtiger Herrscher nicht dazu verpflichtet sei, seine Gnade, die ein Geschenk sei, dessen Erhalt man nicht verlangen könne, Sündern zukommen zu lassen. Da Sünder seine Feinde seien, sei es Gottes gutes Recht, ihnen seine Gnade zu verweigern: „Grace is a wonderful gift of God. Sinners are enemies to him, and rebels against him: Is he bound to bestow such a gift on his enemies [...] [?]" (98). Der folgende Abschnitt ist meiner Meinung nach sehr widersprüchlich. Mather schreibt hier, dass Sünder sich zwar nicht selbst bekehren könnten, sie aber dennoch selbst an ihrer Lage schuld seien; denn auch, wenn sie dazu in der Lage wären, würden sie es dennoch nicht tun:

> Altho' it is true, (as has been shewed) that sinners cannot convert themselves, their *Cannot* is a wilful *Cannot*. Math. 22.2. *They will not come*. It is not said they *could not* (tho' they could not of themselves come to Christ) but that they *would not* come. If it were in the power of a sinner to convert himself, he would not do it: For he hates conversion. (99)

In einer anderen Predigt mit dem Titel „Man Knows Not His Time" spricht Increase Mather davon, dass alles, was auf der Erde geschehe, von Gott vorherbestimmt sei. Das gesamte Leben der Menschen sei ausnahmslos von Anbeginn der Zeiten an festgelegt worden: „There is nothing comes to pass (sic) in the earth, but what was first determined by a wise decree in Heaven" (106); auch, wer bekehrt, wo und wann ein Mensch geboren, wo er leben und wann er sterben würde (106-107). Das heißt, auch hier zeigt sich wieder deutlich die die Prädestinationslehre durchdringende Thematik, dass alles von Gott vorherbestimmt sei.

Die Bibel interpretierten die Puritaner nicht in dem Sinne, in dem dies heutige Theologen tun, das heißt, sie gingen an die Texte nicht in dem Bewusstsein heran, dass es sich dabei um Schriften aus einer anderen Kultur und Zeitepoche handelte. Anstatt sich den Charakteren der Bibel aufgrund der vielen Jahrhunderte, die zwischen ihnen lagen, fremd zu fühlen, spürten sie eine besondere Verbundenheit zu ihnen, weil auch sie Menschen gewesen waren und an denselben Gott geglaubt hatten. Es war ihnen daher wichtig, die Bibel sowohl grammatikalisch als auch historisch auszulegen. Diese Untersuchungen geschahen jedoch nicht zu wissenschaftlichen Zwecken, sondern um das Gelernte anzuwenden; dies war ein sehr wichtiger Punkt der puritanischen Glaubenslehre: die Überzeugung, dass man die Bibel als Grundlage für das menschliche Handeln verwenden solle (Packer 98-105). Auch glaubten sie fest an die Unfehlbarkeit der Heiligen Schrift, was sie noch mehr darin bestärkte, sich in allen Glaubens- und Lebensfragen nach dieser zu richten (Bremer 7). Die Bibel war für sie die wichtigste Quelle für das Verständnis des Übernatürlichen, die direkte Offenbarung Gottes an die Menschen (34).

In seiner Predigt „The Lesson of the Covenant, for England and New England" ermahnt Peter Bulkeley seine Glaubensbrüder, die Bibel als höchstes Gut zu achten, da sie ansonsten den Zorn Gottes zu erwarten hätten. Hier zeigt sich die zentrale Bedeutung, welche die Bibel für die Puritaner hatte, und auch ihre Angst vor Gottes Strafe, falls sie sich nicht an deren Gesetze hielten:

> Oh, be wise to consider it, and walk worthy of it, esteeming the Gospel as thy pearl, thy treasure, thy crown, thy felicity! Thou canst not love it too dearly. Make much of it therefore: otherwise, know the neglect of it will bring heaviest wrath, and thy judgment hastenth, and sleepeth not. (2)

Aber auch bei allen anderen in dieser Studie behandelten Autoren ist die große Bedeutung, welche diese der Bibel beimaßen, offensichtlich; religiöse, aber auch weltliche Aussagen werden zumeist mit entsprechenden Bibelstellen untermauert.

Bildliche Darstellungen Gottes riefen bei den Puritanern starkes Missfallen hervor, da durch diese ihrer Meinung nach beim Betrachter ein bestimmtes Gottesbild geprägt wurde und somit die Vorstellung von Gott auf eine bestimmte Darstellungsart beschränkt blieb. So barg die traditionelle christliche Darstellung von Gott als altem Mann für sie die Gefahr, dass die weiblichen Qualitäten Gottes nicht wahrgenommen wurden. Viele Puritaner schrieben über Gottes mütterliche Eigenschaften und verglichen seine Liebe mit der einer Mutter. So betitelte John Cotton seinen Katechismus *Milk for Babes, Drawn Out of the Breasts of Both Testaments* (Bremer 36). Der folgende Text des Puritaners Peter Sterry verweist explizit auf die weiblich-mütterliche Seite Gottes – die Gläubigen werden hier mit Säuglingen verglichen, die an der Brust ihrer Mutter saugen:

> Lay the mouth of your soul by faith to the breasts of the Godhead laid forth in Christ, swelling with all fullness; longing, delighting to be drawn, yea of their own accord spouting forth their milky streams into your face and bosom. (qtd. in Bremer 36)

Überdies wurde oft über Gottes unendliche Liebe gegenüber seinen Auserwählten geschrieben, und diese wurde mit der Liebe zwischen Mann und Frau oder der zwischen Eltern und ihren Kindern verglichen (Bremer 41). Auch wurde Christus oft als der *Bräutigam der Seele* bezeichnet (48).

So schreibt John Winthrop in „A Modell of Christian Charity", dass Gott seine Auserwählten deshalb liebe, weil sie ihm ähnlich seien, so wie Mütter ihre Kinder liebten, weil sie in ihnen ein Abbild von sich selbst sähen: „[...] he loves his elect because they are like himselfe [...]: soe a mother loves her childe, because shee throughly conceives a resemblance of herselfe in it" (60). Für Winthrop hatte die Beziehung zwischen den Puritanern und Gott nicht nur Ähnlichkeit mit der zwischen Mutter und Kind, sondern sogar mit einer Ehe. Dies bedeutete für ihn jedoch auch, dass von den Puritanern aufgrund ihrer hervorgehobenen Stellung mehr Gehorsam als von anderen Völkern erwartet und im Falle des Nichtgehorsams Gottes Strafe folgen würde:

> In regard of the more neare bond of marriage, betweene him and us [...] which will make him the more jealous of our love and obedience soe he tells the people of Israell, you onely have I knowne of all the families of the earthe therefore will I punishe you for your Transgressions. (63)

Dies war die andere Seite des Gottesbildes: das des strafenden Gottes. Daher zitterten viele Puritaner in ihrer Todesstunde vor Angst, da sie fürchteten, Gottes Zorn und somit ewigen Höllenqualen ausgeliefert zu werden. Von klein auf wurde den Puritanern die Angst vor dem Tod nahegebracht, sogar kleine Kinder wurden mit detaillierten Beschreibungen der Hölle geängstigt („Death in Early America").

Dies manifestiert sich deutlich in der folgenden Predigt „Sinners in the Hands of an Angry God" von Jonathan Edwards, welches eines der bekanntesten puritanischen Zeugnisse überhaupt ist (Dutkanicz, *Publisher's Note* v). In dieser Predigt zeichnet Edwards das Bild eines strafenden Gottes und beschreibt detailliert die Höllenqualen, denen alle Sünder – und er ist davon überzeugt, dass dies die Mehrheit der Menschen sei – bis in alle Ewigkeit ausgeliefert sein würden (Edwards 171-184): „They hear indeed that there are but few saved, and that the bigger part of men that have died heretofore are gone to hell [...]" (175). Edwards zufolge waren jedoch auch die Puritaner selbst, die sich schließlich als Gottes auserwähltes Volk betrachteten, zum großen Teil Sünder; er war der Überzeugung, dass nur ein Teil seiner Gemeinde zu den Auserwählten gehöre und die anderen verdammt seien (173). Im folgenden Abschnitt beschreibt er in drastischen Bildern den Zorn Gottes. Hier zeigt sich nicht das Bild eines liebenden, sondern im Gegenteil das eines grausamen Gottes, der kein Mitleid mit den Menschen empfindet, ja sie sogar hasst und verabscheut. Edwards greift auf dramatische

Vergleiche zurück, indem er sündige Menschen mit widerwärtigen Insekten oder giftigen Schlangen vergleicht:

> The God that holds you over the pit of Hell, much as one holds a spider, or some loathsome insect, over the fire, abhors you, and is dreadfully provoked; his wrath towards you burns like fire; he looks upon you as worthy of nothing else, but to be cast into the fire; he is of purer eyes than to bear to have you in his sight; you are ten thousand times so abominable in his eyes as the most hateful venomous serpent is in ours. (178)

Gegen Ende seiner Predigt ruft Edwards seine Gemeinde schließlich zur Umkehr auf und weist sie darauf hin, dass jetzt noch die Gelegenheit bestünde, der ewigen Verdammnis zu entgehen: „And now you have an extraordinary opportunity, a day wherein Christ has flung the door of mercy wide open, and stands in the door calling and crying with a loud voice to poor sinners [. . .]" (183).

Man sieht also deutlich, dass das Gottesbild der Puritaner von zwei gegensätzlichen Polen geprägt war: einerseits dem des liebenden Gottes (in Bezug auf die Auserwählten) und andererseits dem des strafenden Gottes (in Bezug auf alle anderen Menschen).

Darüber hinaus glaubten die Puritaner fest an die Existenz des Teufels. So lockte der Teufel ihrer Vorstellung zufolge einzelne Menschen durch falsche Versprechungen in seinen Dienst. Diese im Dienste des Teufels stehenden Menschen wurden als Hexen bezeichnet (Bremer 46-47). Dieser Glaube sollte schließlich in den berüchtigten Hexenprozessen von Salem kulminieren.

Pastor Cotton Mather war indirekt in die Hexenprozesse involviert (Walker), welche im Jahr 1691 von zwei jungen Mädchen ausgelöst worden waren, die hysterische Anfälle hatten; nach kurzer Zeit waren es bereits acht Mädchen, die sich auf unerklärliche Art und Weise verhielten, sodass die Bevölkerung bald der Ansicht war, dass sie vom Teufel besessen seien. Man bedrängte die Mädchen, die Namen der Personen anzugeben, von denen sie verhext worden seien. Die Jugendlichen nannten schließlich die Namen dreier Frauen. Im Laufe der Zeit wurden immer mehr Menschen beschuldigt; schließlich wurden so viele verhaftet, dass Landwirtschaft und Handel in der gesamten Gegend fast zum Stillstand kamen. An dieser Stelle schritt der englische König ein. 1693 wurden die Hexenprozesse beendet, und bis zum Jahr darauf die letzten Angeklagten freigelassen (von Flocken).

Cotton Mather hatte im Jahr 1684, also mehrere Jahre vor dem Ausbruch der Beschuldigungen, sein Werk *Remarkable Providences* publiziert, in welchem er das seltsame Verhalten der Kinder der Familie Goodwin aus Boston untersucht hatte, die besessen zu sein schienen. Mather zog aus dem Verhalten der Kinder den Schluss, dass Neuengland sich in einem Kampf mit Satan befinde, ein Thema, das sich auch in seinen Predigten niederschlug. Manche Wissenschafter vermuten, dass Mathers Beschreibungen der Aktivitäten des Teufels einen möglichen Grundstein für die Hysterie in Salem gelegt haben könnten (Walker).

Die im Folgenden zu untersuchende Predigt „The Wonders of the Invisible World" datiert aus dem Jahr 1693, also aus der Zeit, als die Hexenprozesse in Salem gerade ihrem Ende zugingen. Cotton Mather beginnt seine Predigt direkt mit der Aussage, dass der Teufel in Neuengland eingefallen sei. Er ist der Ansicht, dass der Teufel schon lange versucht habe, die Bevölkerung anzugreifen, und ihm dies nun gelungen sei: „In many wayes, for many years, hat the Devil been assaying to extirpate the kingdom of our Lord Jesus here" (124). Interessant ist an dieser Stelle, dass Mather Neuengland als *Königreich Jesu* bezeichnet, womit wiederum die Überzeugung der Puritaner hervorgehoben wird, das auserwählte Volk Gottes zu sein. Daraufhin zählt Mather eine Reihe von Verbrechen auf, welche die Hexen bzw. der Teufel begangen hätten. Diese Anschuldigungen stützt er auf Geständnisse, welche die angeblichen Hexen gemacht hätten. Er schreibt, dass der Teufel, welcher als kleiner schwarzer Mann erscheine, viele schlechte Menschen in seinen Dienst gelockt habe, wodurch diese zu Hexen geworden seien, die fortan dem Teufel dienten. Angeblich trafen sich diese Teufelsanbeter auf einer Art Hexensabbat, auf dem sie die Taufe und das christliche Abendmahl imitierten. Das Ziel der Hexen sei es, das Königreich Christi in Amerika zu zerstören. Dies würden sie mithilfe einer Art Gespenster bewerkstelligen, welche Menschen im ganzen Land quälten, verhexten und manchmal sogar töteten (125). Dass diese Geständnisse zweifelsohne unter der Folter erpresst wurden und daher nicht für bare Münze genommen werden konnten, scheint Mather offensichtlich nicht klar gewesen zu sein. Den Grund für das Unglück sieht er darin, dass die Menschen Neuenglands Sünder seien und dies somit die Strafe Gottes sei: „[. . .] it is not without the wrath of the Almighty God himself, that the Devil is permitted thus to come down upon us in wrath" (127). Diese (eingebildete) Plage vergleicht Mather mit den Plagen der Ägypter im Alten Testament: „Ah, poor New-England! must the plague of Old Egypt come upon thee?" (127). Das immer wiederkehrende Thema des israelischen Volkes und die Referenzen zum Alten Testament fallen auch an dieser Stelle auf.

Ich denke, in diesem Kapitel ließ sich deutlich die ambivalente Perspektive erkennen, welche das Gottesbild der Puritaner prägte.

3.1.3 Moralische und soziale Werte

Wenn man bedenkt, dass die Puritaner davon überzeugt waren, dass gute Taten sie nicht vor der Hölle retten könnten, so ist es erstaunlich, wie viel Energie sie darauf verwendeten, ein möglichst gottgefälliges Leben zu führen. Die Erklärung hierfür ist, dass sie glaubten, dass Gott den Menschen seine Gesetze gegeben habe, damit sie sich daran hielten; daher war Gehorsam ihre Pflicht, gleichgültig, ob sie dafür belohnt würden oder nicht. Diejenigen Puritaner, die sich sicher waren, unter den Auserwählten zu sein, erklärten ihren frommen Lebenswandel darüber hinaus damit, dass die ihnen zuteil gewordene Gnade dafür gesorgt habe, dass sie besser dazu in der Lage seien, Gottes Willen zu erkennen, und erfolgreicher darin, diesen auszuführen. Es gab jedoch auch noch einen anderen Grund: Wenn die Puritaner Augenblicke verspürten, in denen sie daran zweifelten, ob sie zu den Auserwählten gehörten, so hielten sie sich ihre guten Taten als Bestätigung vor Augen, da ein frommer Lebenswandel als Ergebnis der Auserwähltheit galt (Bremer 48-49).

Vergnügungen hassten die Puritaner zwar nicht an sich, sie versuchten jedoch, Freizeitaktivitäten innerhalb des Rahmens ihrer moralischen Ansichten unterzubringen. Sie glaubten, dass auch die Freizeit ihren Platz im Leben haben müsse, da damit Kraft für die Arbeit getankt würde. Es wurde jedoch zwischen angemessenen und unangemessenen Aktivitäten unterschieden, und einige der Entscheidungen der Puritaner bezüglich dessen, was unangemessen war, isolierte sie von ihren Zeitgenossen. Ein Teil der Ressentiments gegenüber den Puritanern in England kam daher, dass sie sich gegen traditionelle englische Vergnügungen aussprachen. So waren sie gegen Blutsportarten wie Boxen oder Hahnenkämpfe, weil dabei Menschen oder Tiere verletzt wurden. Bezüglich Ballsportarten war die Meinung nicht einheitlich. Fast alle Puritaner waren gegen Fußball, weil dieser damals noch relativ gewalttätig und fast ohne Regelwerk war. Auch Bowling wurde von einigen Puritanern nicht gern gesehen, da oft um den Ausgang des Spiels gewettet wurde. Vor allem waren die Puritaner jedoch gegen das Theater. Die dafür angeführten Gründe waren, dass dort nur erfundene Geschichten gespielt würden, die Schauspieler selbst unmoralisch seien und das Theater an sich zu Verderbtheit führen könne (die Theater in London lagen in einem Prostitutionsviertel). Vor allem die Aufführung von Stücken am Sonntag wurde heftig kritisiert (Bremer 57-59). In Neuengland war es strikt verboten, ein Theater zu eröffnen, und bis zum Ende des 17. Jahrhunderts versuchte niemand, eine Tanzschule einzurichten. Trunkenheit, Unzucht und Fluchen wurden gesetzlich bestraft (79).

So spricht sich Increase Mather in einem dreißigseitigen Werk mit dem Titel *An Arrow against Profane and Promiscuous Dancing* dezidiert gegen gemischtgeschlechtliches Tanzen aus. Zunächst betont er, dass er nichts dagegen habe, wenn Männer mit Männern bzw. Frauen mit Frauen tanzten, solange dabei Maß gehalten würde. Da Tanzen ein Ausdruck von Freude sei, sei es an sich nicht verwerflicher als Lachen (411). Gemischtgeschlechtliches Tanzen sei jedoch eine große Sünde und könne nicht toleriert werden: „[. . .] Now this we affirm to be utterly unlawful, and that it cannot be tollerated in such a place as *New-England*, without great Sin" (412). Er begründet diese Aussage damit, dass die Gefahr unkeuscher Berührungen hier zu groß sei (412).

Stattdessen zogen die Puritaner es vor, ihre Freizeit in der Natur zu verbringen, zum Beispiel zu picknicken oder zu fischen (Bremer 57). Ebenso trafen sie sich gerne mit Freunden und Verwandten, um Geschichten zu erzählen und Neuigkeiten auszutauschen (60).

Einer der zentralsten Punkte im puritanischen Wertesystem war die ordnungsgemäße Einhaltung des Sabbats, also der Sonntagsruhe. Dies wurde mit dem Vierten Gebot begründet, welches besagt, dass man den Sabbat heiligen solle. Der Sonntag war für die Puritaner daher eine Zeit des Fastens, der religiösen Studien und des Betens. Jegliche Arbeit außer dem unbedingt Nötigen sollte vermieden werden. Üblicherweise wurde der Tag mit der Familie verbracht, und das Familienoberhaupt las aus der Bibel vor oder instruierte seine Familienmitglieder in religiösen Fragen. Nach der Vorbereitung zu Hause gingen die puritanischen Familien zusammen in den Gottesdienst, wobei sie oftmals Bibeln oder Papier mitnahmen, um sich Notizen zu machen (Bremer 64-66). Die Ausübung von Sport oder anderen Freizeitaktivitäten am Sonntag war verpönt (79).

In der nachfolgenden kurzen Predigt „Degenerating New England" ermahnt Samuel Willard seine Gemeindeglieder, den Sonntag zu achten, das heißt, den Tag zu Hause zu verbringen und weder irgendeiner Arbeit nachzugehen noch die Zeit in einem Wirtshaus zu verbringen:

> Are not Gods *Sabbaths* wofully neglected? How wofully can such as would be esteemed Godly, encroach upon holy time, and be engaged, either in secular business, or in vain company, and possibly in publick houses, when they should be at home, in their closets, or with their families, sanctifying of Gods day, and shewing of the *honourable esteem* they have for it? (123)

Doch auch an Wochentagen war Willard strikt gegen jeglichen Aufenthalt in Wirtshäusern und exzessiven Alkoholkonsum: „[...] who can come to the *Lords table* on the Sabbath, and wrong themselves by excessive drinking on the week days?" (123). Diese Abneigung gegen übermäßigen Alkoholkonsum ist damit zu erklären, dass die Puritaner glaubten, dass die ganze Schöpfung ein Geschenk Gottes und daher an sich gut sei. Die Sünde käme daher nicht davon, dass man Gottes Geschenke nutze, sondern davon, dass man sie missbrauche. So war das Trinken von Alkohol für die Puritaner an sich in Ordnung, Trunkenheit jedoch eine Sünde (Bremer 49-51). Hierbei ist anzumerken, dass auch Willard sich nicht gegen das Trinken an sich *(drinking)*, sondern gegen übermäßiges Trinken *(excessive drinking)* aussprach.

Die Puritaner, obgleich nach unserer heutigen Interpretation nicht uneingeschränkt demokratisch, gingen doch bereits wichtige Schritte in diese Richtung. Sie waren der Ansicht, dass die Regierung einen Bund mit den Menschen geschlossen habe, mit beiderseitigen Rechten und Pflichten (Adair 278). Im Verlauf des ersten Jahrzehnts ihrer Besiedlung von Amerika etablierten die Puritaner ein Regierungssystem, in welchem die männlichen Kirchenmitglieder jährlich sowohl den Gouverneur als auch Repräsentanten wählten. Bürgerversammlungen verwalteten die Angelegenheiten ihrer jeweiligen Gemeinden und wählten örtliche Vertreter. Auch innerhalb der Kirchen wählte jede Gemeinde selbst ihre religiösen Führer (Bremer 20). Dieses Konzept mutet ähnlich an wie das der Athener Jahrhunderte vor den Puritanern. Vermutlich inspirierte die für die Renaissance charakteristische Bildung der Puritaner dieses bemerkenswerte demokratische Experiment (Adair 279).

John Cottons Predigt „Limitation of Government" ist ein beeindruckendes Zeugnis für diese frühen demokratischen Gedanken. Cotton spricht sich hier dafür aus, keinem sterblichen Menschen zu viel Macht zu gewähren, da man sich sicher sein könne, dass jeder Mensch, der über Macht verfüge, diese auch ausnützen würde: „[...] Let all the world learn to give mortall men no greater power then they are content they shall use, for use it they will [...]" (3). Auch betont Cotton, dass die Macht grundsätzlich vom Volk ausgehe, weshalb sich jeder Herrscher der Grenzen seiner Macht bewusst sein müsse (4).

Auch Thomas Hooker hegte ähnliche Gedanken. In der folgenden kurzen Ansprache mit dem Titel „Hartford Election Sermon" spricht er über die Wahl von Friedensrichtern. Er ist hierbei der Ansicht, dass es Gottes Wille sei, dass die Wahl dem Volk obliege: „Doctrine. I. That the choice of public magistrates belongs unto the people by God's own allowance" (31). Daraus schließt er, dass das Volk nicht einfach wählen könne, wie es ihm beliebe, sondern sich nach Gottes Gesetzen richten müsse: „II. The privilege of election, which belongs to the people, therefore must not be exercised according to their humors, but according to the blessed will and law of God" (31). Darüber hinaus weist er darauf hin, dass diejenigen, die die Macht hätten, Friedensrichter und andere Beamte zu wählen, auch die Grenzen der Macht jener Personen bestimmen dürften: „III. They who have the power to appoint officers and magistrates, it is in their power also to set the bounds and limitations of power and place unto which they call them" (31). Dies begründet er damit, dass die Grundlagen jedweder Autorität darin lägen, dass das Volk mit dieser einverstanden sei. Wenn die Menschen ihre Vorgesetzten selbst gewählt hätten, dann würden sie diesen eher gehorchen als jemandem, mit dem sie nicht einverstanden seien (31).

Auch Samuel Willard spricht dieses Thema in seiner Predigt „The Character of a Good Ruler" an. Interessant ist hier, dass Willard eine Unterteilung in Legislative, Exekutive und Judikative vornimmt, ein Gedanke, der bereits sehr fortschrittlich anmutet. Zunächst geht er auf die Unterteilung in Legislative und Exekutive ein: „There are supreme and subordinate powers: and of these also there are some who have a *legislative*, others an *executive* power in their hands [. . .]" (118). Willard erwähnt überdies Richter und Friedensrichter, womit er, obwohl er dies nicht explizit sagt, auch den dritten Pfeiler der Macht, die Judikative, anspricht: „There are *judges* in courts, *superiour* and *inferiour*; *justices* of the peace in their several precincts: and in each of these orders there resides a measure of authority" (118). Im nächsten Abschnitt beschreibt Willard, wodurch sich ein guter Herrscher auszeichnen sollte, und erwähnt dabei zentrale Eigenschaften wie Rechtschaffenheit, Unvoreingenommenheit und Unbestechlichkeit:

> They must also be acquainted with the rules of righteousness; they must know what is just, and what is unjust [. . .]. Again, he must be one that respects the cause, and not the persons in all his administrations [. . .]. Farthermore, he must be one whom neither flattery nor bribery may be able to remove out of his way [. . .]. Finally, he must be one who prefers the publick benefit above all private and separate interests whatsoever. (118-119)

Später werden diese aus heutiger Sicht relativ fortschrittlichen Ansichten jedoch wieder von der Vorstellung durchbrochen, dass alle Herrscher Gottes Vizeregenten auf Erden seien und ihre Autorität direkt von Gott hätten, eine Vorstellung, welche bekanntermaßen das gesamte mittelalterliche Weltbild prägte. Diese Bemerkung wird jedoch später wieder relativiert, als Willard zwar noch einmal betont, dass Gott manchen Menschen die besondere Ehre zuteilwerden lasse, dass sie über die anderen herrschen dürften, diese Aussage jedoch damit einschränkt, dass dies nicht bedeute, dass das Volk für den Herrscher da sein müsse, sondern im Gegenteil der Herrscher für das Volk (120-121): „A people are not made for rulers, but rulers for a people" (120). Deshalb sollte der Herrscher Willard zufolge immer das Wohl seines Volkes im Sinn haben, und dies sollte das oberste Ziel seiner Politik sein; und wenn das Volk unglücklich sei, so könnten sich die Herrschenden nicht glücklich nennen. Daraufhin beschreibt Willard, was ein glückliches Volk ausmache: Wenn der Herrscher dafür sorge, dass die Menschen all ihre Freiheiten und Rechte genießen könnten, ohne Angst vor Unterdrückung haben zu müssen (120-121). Besonders interessant ist an dieser Stelle, dass Willard zudem betont, dass auch die freie Religionsausübung eine Voraussetzung sei, um glücklich leben zu können: „[...] and are encouraged to serve God in their own way, with freedom [...]; now are they an happy people" (121).

Die Arbeitsethik nahm innerhalb der Vorstellungswelt der Puritaner einen bedeutenden Platz ein. Da sie davon überzeugt waren, dass die Menschen ihre tägliche Arbeit von Gott aufgetragen bekämen, diente die Arbeit für sie dazu, Gott zu dienen. Damit war jegliche Form von Arbeit gemeint; selbst mit banalen Dingen wie Tellerwaschen, so die puritanische Lehre, würde man Gott dienen. Die Menschen sollten mit ihrer Arbeit jedoch nicht nur Gott, sondern auch ihren Nächsten und der Gemeinschaft von Nutzen sein. Diese Vorstellung führte dazu, dass Fleiß und harte Arbeit ein wichtiger Bestandteil des puritanischen Lebens wurden (Ryken).

Ein Beispiel hierfür ist Richard Baxters *A Christian Directory*. Hierin fordert er seine Leser dazu auf, jenen Beruf zu ergreifen (sofern sie diesen auswählen könnten), in welchem sie Gott am besten dienen könnten und welcher im Idealfall sogar eine Berufung sein solle. Das heißt, sie sollten nicht den Beruf wählen, der ihnen die meisten Reichtümer oder die höchste Ehre einbrächte, sondern den, in welchem sie am meisten Gutes tun und am wenigsten sündigen würden: „Choose not that in which you may be most rich or honourable in the world; but that in which you may do most good, and best escape sinning" (332). Und wenn man Gutes tue, so solle man das Wohl der Gemeinschaft vor das Wohl Einzelner stellen: „In doing good, prefer the good of many; especially of the church or commonwealth, before the good of one or few" (328). Dies begründet er damit, dass eine Gruppe von Menschen immer mehr wert sei als ein einzelner Mensch, und vor allem viele Menschen Gott besser dienen könnten als einer allein, weshalb sowohl die Frömmigkeit als auch die Nächstenliebe dies von einem verlangten (328). Darüber hinaus solle man mit seiner Zeit verantwortungsvoll umgehen und diese genau einteilen. Aufgrund der zentralen Bedeutung der Arbeit solle man strikt darauf achten, alle Gelegenheiten zu meiden, bei denen man dazu verführt werden könnte, seine Zeit mit irgendwelchen Vergnügungen zu verschwenden: „Watchfully and resolutely avoid the entanglements and diverting occasions, by which the tempter will be still endeavouring to waste your time, and hinder you from your work" (334). Man solle sich immer bewusst sein, dass die Arbeit der wichtigste Dienst im Leben sei. Vor allem jene Menschen, die der Gesellschaft wichtige Dienste leisteten, müssten sich dessen stets gewahr sein. Selbst das Besuchen von Freunden oder das pflichtgemäße Austauschen von Höflichkeiten könnten einen, wenn exzessiv betrieben, vom eigentlichen Dienst abhalten. Hierbei rät Baxter, dass man, um diesem Problem zu entgehen, Gelegenheiten und Orte meiden solle, an denen man seinen sozialen Kontakten begegnen könne. Zwar gibt Baxter zu, dass man seine Freunde nicht vernachlässigen dürfe; er beharrt jedoch darauf, dass der Beruf an erster Stelle stehen müsse und andere Verpflichtungen daher nachrangig seien, da die Arbeit dem Dienst an Gott diene und Ablenkungen von anderen Menschen und Satan kämen (334-335): „Else it will be at the will of men and satan, whether you shall be serviceable to God or not" (335).

Die traditionelle Sichtweise der Puritaner bezüglich der Ehe war, dass der Mann in seiner Familie eine Art Priesterrolle innehatte, das heißt, dass er der Vermittler zwischen Gott und seiner Frau war, die als das „schwächere Geschlecht" angesehen wurde. Die Beziehung zwischen Adam und Eva im Paradies, wie sie in der Bibel beschrieben wurde, unterstützte der puritanischen Interpretation zufolge die Überzeugung, dass der Mann Autorität über seine Frau habe (Adair 252). Jedoch verbesserte sich die Situation der Frauen im Laufe der Zeit immer mehr, vor allem durch ihren vermehrten Zugang zu Bildung (171). Und während es in England zumeist einfach hingenommen wurde, wenn ein Mann gegenüber seiner Frau gewalttätig war, hielt es die puritanische Regierung Neuenglands für ein Verbrechen, wenn ein Mann seine Frau schlug oder ihr befahl, irgendetwas zu tun, das gegen die Gesetze Gottes verstieß (255-256). Darüber hinaus wurden viele Aspekte des Familienlebens von der Frau geleitet, und während der Abwesenheit ihrer Männer nahmen sie oftmals deren Rolle ein. Das heißt, dass die puritanischen Frauen Neuenglands zwar immer noch weniger Macht hatten als die Männer, jedoch deutlich mehr als ihre Zeitgenossinnen in England (Bremer 63).

So ruft John Cotton am Ende seiner Predigt „Limitation of Government" die Frauen dazu auf, die Autorität ihrer Männer zu respektieren, und die Männer, ihre Frauen zu ehren: „[...] so let there be due bounds set, and I may apply it to families; it is good for the wife to acknowledg all power and authority to the husband, and for the husband to acknowledg honour to the wife [...]" (4). Ich denke, dass man an dieser Stelle sieht, dass selbst Männer wie John Cotton, die bereits sehr fortschrittliche und demokratische Vorstellungen hatten (siehe oben), die Frau immer noch als dem Mann untertan betrachteten. Andererseits ist hier positiv hervorzuheben, dass Cotton die Männer dazu auffordert, ihre Frauen respektvoll zu behandeln.

Die Beziehung zwischen Mann und Frau wurde als die Grundlage der Familie angesehen (Bremer 61). Die Ehe betrachteten die Puritaner jedoch nicht nur als eine Zweckgemeinschaft; vielmehr standen für sie gegenseitige Liebe und Wertschätzung im Zentrum der Beziehung (Adair 268). Die Aufzeichnungen von Paaren wie John und Margaret Winthrop oder Simon und Anne Bradstreet sind ein deutliches Zeugnis für die Liebe und den gegenseitigen Respekt, welche diese Paare miteinander verbanden (Bremer 63).

Das vorliegende Gedicht „To My Dear and Loving Husband" schrieb Anne Bradstreet an ihren Ehemann. Darin rühmt sie die Liebe beider Partner zueinander, welche sie in blumigen Worten beschreibt. Bradstreet zufolge war die Liebe ihres Mannes zu ihr so groß, dass sie diese niemals zurückzahlen konnte und daher hoffte, dass er im Jenseits dafür belohnt würde:

TO MY DEAR AND LOVING HUSBAND.
IF EVER two were one, then surely we.
If ever man were lov'd by wife, then thee;
If ever wife was happy in a man,

> Compare with me ye women if you can.
> I prize thy love more then whole Mines of gold,
> Or all the riches that the East doth hold.
> My love is such that Rivers cannot quench,
> Nor ought but love from thee, give recompence.
> Thy love is such I can no way repay,
> The heavens reward thee manifold I pray.
> Then while we live, in love lets so persever,
> That when we live no more, we may live ever. (573)

Ich finde, dass das vorliegende Gedicht zeigt, wie wichtig der Autorin die Liebe in ihrer Ehe war; sie scheint diese nicht, wie dies früher in Europa meist der Fall war, als wirtschaftliche Zweckgemeinschaft gesehen zu haben, sondern als Liebesgemeinschaft. Auch schien sie sich (zumindest ihren Worten nach) nicht als ihrem Mann unterlegen zu betrachten; sie schreibt nicht nur darüber, wie sehr sie ihren Mann liebe, sondern umgekehrt auch darüber, wie sehr er sie liebe. Ihrem Gedicht nach schien ihre Partnerschaft auf gegenseitigem Respekt und Zuneigung zu beruhen. Charakteristisch für die puritanische Denkweise ist der Zusatz am Ende; Bradstreet beendet ihr Gedicht mit einem Hinweis auf das Leben im Jenseits, etwas, das in der Denkweise der Puritaner, wie man bereits gesehen hat, einen zentralen Stellenwert einnahm.

Die Scheidung einer Ehe war für die Puritaner möglich, wenn einer der Partner vom anderen vorsätzlich verlassen worden war; für die meisten puritanischen Prediger war die Scheidung jedoch nur aus einem Grund erlaubt: Im Falle von Ehebruch, das heißt, wenn die Ehefrau ihren Mann betrogen hatte (interessanterweise jedoch nicht umgekehrt – wenn ein Mann seine Frau betrog, kam er für gewöhnlich damit davon, vorausgesetzt, er hatte sich nicht an einer verheirateten Frau vergangen). Der Puritaner John Milton wehrte sich gegen diese Praktik. Nachdem seine Ehefrau ihn einen Monat nach ihrer Hochzeit verlassen hatte und zu ihren Eltern zurückgekehrt war, schrieb er ein Buch über die Ehescheidung, in welchem er sich für einen neuen Umgang mit dieser einsetzte. Er schrieb, dass man sogar einer ehebrecherischen Frau vergeben und sie zurücknehmen könne, aber dass man nichts dagegen tun könne, wenn beide Partner nicht zusammenpassten. Das heißt, auch für Milton sollte eine Ehe auf gegenseitiger Liebe beruhen, und wenn dies nicht gewährleistet war, so seine Schlussfolgerung, sollte die Ehe geschieden werden (Adair 256-258).

Im Folgenden möchte ich aus seinem Werk *The Doctrine & Discipline of Divorce* zitieren. Wenn die Ehepartner nicht zusammenpassten und dies auf einen Grund zurückzuführen sei, an dem man nichts ändern könne, und diese Problematik dem Führen einer glücklichen Ehe im Wege stünde, so Milton, dann sei dies der wichtigste Grund, sich scheiden zu lassen. Dies sei vor allem dann der Fall, wenn die Ehe noch keine Kinder hervorgebracht habe und beide Partner sich bezüglich der Scheidung einig seien:

> That indisposition, unfitnes, or contrariety of mind, arising from a cause in nature unchangeable, hindring, and ever likely to hinder the main benefits of conjugall society, which are solace and peace, is a greater reason of divorce

>then naturall frigidity, especially if there be no children, and that there be mutuall consent. (ch. 1)

Um seine Argumentation zu untermauern, führt er die Schöpfungsgeschichte an. Die Frau, so Milton, sei in erster Linie als eine Gefährtin für den Mann erschaffen worden, damit dieser nicht einsam sei. Milton schließt daraus, dass das zentrale Element einer Ehe sei, gute Gespräche miteinander führen zu können, da es wichtiger sei, dass der Mann eine spirituelle Gefährtin habe als eine fleischliche: „[...] for we find here no expression so necessarily implying carnall knowledge, as this prevention of lonelines to the mind and spirit of man" (ch. 2).

Miltons Aussagen erscheinen mir für die damalige Zeit bereits sehr fortschrittlich und größtenteils mit unseren heutigen Vorstellungen von Scheidung übereinstimmend; allerdings zeigt sich hier noch deutlich die Vorstellung, dass die Frau für den Mann da sein solle und nicht umgekehrt.

Bildung war den Puritanern sehr wichtig. Es war ihnen nicht nur ein Gräuel, Analphabeten als Pastoren zu haben, weshalb sie darauf bestanden, dass diese gut ausgebildet sein müssten, sondern sie waren darüber hinaus auch der Meinung, dass Laien zumindest so viel Bildung haben müssten, dass sie den Ausführungen der Prediger folgen könnten (Miller and Johnson, *Education* 695). In Massachusetts wurde 1642 ein Gesetz verabschiedet, welches die Familienoberhäupter dazu aufforderte, ihre Ehefrauen, Kinder und Diener Lesen und Schreiben zu lehren (Bremer 63; 82), und im Jahr 1647 wurde beschlossen, dass jede Stadt, in der hundert oder mehr Familien lebten, allen Kindern kostenlose Bildung zukommen lassen müsse. Diese Bildung sollte zumindest dafür sorgen, dass die Kinder des Lesens mächtig seien. Hierbei ist anzumerken, dass die Puritaner in Amerika eine längere Grundschulzeit vorsahen als die Anglikaner in England. Ebenso hervorzuheben ist an dieser Stelle, dass die Grundschule sowohl für Mädchen als auch für Jungen war. Zwar durften nur Jungen höhere Schulen besuchen, aber allein die Tatsache, dass Mädchen bereits im 17. Jahrhundert in Grundschulen zugelassen wurden, mutet bereits recht fortschrittlich an. Auch bestand für besser betuchte Mädchen die Möglichkeit, nach der Grundschulzeit Privatunterricht zu nehmen (Miller and Johnson, *Education* 695-696).

Darüber hinaus war es für die Puritaner wichtig, sich permanent selbst zu evaluieren und die Ergebnisse in Tagebüchern festzuhalten. Dies geschah, um ihre eigene sündhafte Natur zu untersuchen (Bremer 38), um festzustellen, ob sie zu den Erwählten gehörten, um sich Gottes Allmacht zu vergegenwärtigen und um ihre Gedanken eher auf Gott als auf die Eitelkeiten der Welt auszurichten. Somit waren die Tagebücher ein Mittel der Selbstregulierung (Brekus 22). Die Fähigkeit, schreiben zu können, war daher die logische Grundvoraussetzung für das Verfassen solcher Tagebücher.

Bei dem im Folgenden zu untersuchenden Text „A Commencement Sermon" handelt es sich um Charles Chauncys Antrittsrede als Präsident der Harvard-Universität, in welcher er eine liberale Erziehung für angehende Prediger verteidigt. Seine Rede war eine Antwort auf die Forderung mancher Puritaner, dass Theologiestudenten ausschließlich christliche Texte studieren sollten (Miller and Johnson, *Charles Chauncy* 705). Chauncy fordert hier alle Eltern dazu auf, ihre Kinder an Literatur heranzuführen, da Kinder ohne Bildung wie wilde Tiere seien: „Be at the cost *to trayn up thy towardly children in good literature*: [. . .] as if children were like bruit beasts without it" (Chauncy 705). Darüber hinaus ruft er seine Zuhörer dazu auf, kostenlose Schulen zu errichten (705). Bildung, so Chauncy, sei etwas Gottgewolltes und bringe große Vorteile mit sich: „This point may serve for Information, To teach us, that Schools of learning are approved and appointed of God, and of great importance for the benefit of Gods people [. . .]" (705-706). Auffällig ist an dieser Stelle wieder die charakteristische Formulierung *Gods people*. Daraufhin geht er auf die Gegner humanistischer Bildung ein. Er argumentiert hier, dass auch heidnische Autoren der Nachwelt gewisse Wahrheiten übermittelt hätten, welche der Heiligen Schrift nicht widersprächen; darüber hinaus käme jegliche Wahrheit, egal, wer diese ausspräche, direkt von Gott. Überdies betont Chauncy, dass man nicht leugnen könne, dass in den Werken Platos, Aristoteles' etc. viele göttliche und moralische Wahrheiten enthalten seien; diese komplett als unchristlich abzutun, wäre ein schmerzlicher Verlust. Auch wehrt er sich gegen den Vorwurf, dass Universitätsmitglieder, welche diese Werke lasen, unchristlich seien (706). Abschließend argumentiert er, dass auch in der Bibel wichtige naturphilosophische Wahrheiten enthalten seien: „For who can deny, that the first & second chapters of *Genesis*, and many chapters in *Job*, and the *Psalms*, and diverse other places of holy Scripture, do afford excellent and sure grounds for natural Philosophy [. . .]" (707).

Viele Puritaner interessierten sich für wissenschaftliche Belange, und vor allem die amerikanischen Puritaner leisteten eine Reihe wesentlicher wissenschaftlicher Beiträge. So studierte beispielsweise John Winthrop Chemie, Physik, Alchemie, Botanik und Astronomie; sein Hauptinteresse bestand jedoch in der praktischen Verwendung von Wissen. Bevor er nach Amerika auswanderte, entwickelte er eine neue Art Windmühle, und in Neuengland schürfte er nach Blei und anderen Mineralien. Ab 1657 begann er als Arzt zu praktizieren und legte viele Meilen zurück, um Patienten zu besuchen (Adair 274-276).

John Cotton hatte bezüglich der Wissenschaften eine etwas gespaltene Meinung. Einerseits warnte er seine Gemeinde davor, dass die Erforschung naturwissenschaftlicher Phänomene eine Beschäftigung sei, welche nicht zu persönlichem Glück beitrüge (Miller and Johnson, *Science* 729), andererseits war er jedoch der Meinung, dass es dem Willen Gottes nicht widerspreche, die Natur – er führt hier das Beispiel der Wetterbeobachtung an – zu erforschen. Man solle sich jedoch nicht besser in den Naturwissenschaften als in religiösen Dingen auskennen; prinzipiell hätte Gott jedoch nichts gegen die Wissenschaft an sich, da sich Gott in der Natur und ihren Phänomenen manifestiere: „[. . .] hee rejects not such kind of conjectures, there is a workemanship of God in them, nor doth hee mislike the study of nature" (qtd. in Miller and Johnson, *Science* 731).

Thomas Shepard hatte hierzu eine ähnliche Meinung. Er war der Überzeugung, dass jedwedes Wesen auf der Erde eine Manifestation von Gottes Willen und somit der Beweis für Gottes Ordnung der Schöpfung sei:

> Every creature in Heaven and Earth is a loud preacher of this truth: Who set those candles, those torches of heaven on the table? Who hung out those lanthorns in heaven to enlighten a dark world? [. . .] Who taught the Birds to build their nests, and the Bees to set up and order their commonwealth? (qtd. in Miller and Johnson, *Science* 730)

Cotton Mather, der sich sehr für Naturwissenschaften interessierte (Miller and Johnson, *Cotton Mather* 750), schrieb in *The Christian Philosopher*, dass der Erfindungsreichtum Gottes in der Pflanzenwelt erfahrbar sei: „THE CONTRIVANCE of our most Glorious Creator, in the VEGETABLES growing upon this Globe, cannot be wisely observed without Admiration and Astonishment" (750). Die Beobachtung der Natur war für ihn eine Einladung, Gott und seine Wunder zu preisen: „The peculiar Care which the great God of Nature has taken for the Safety of the *Seed* and *Fruit*, and so for the Conservation of the *Plant*, is [. . .] considered as a loud Invitation to His Praises" (754).

Die Indigenen wurden von den Puritanern als ein fremdes, unverständliches Volk betrachtet, nicht wegen ihrer anderen Hautfarbe, sondern aufgrund ihres aus Sicht der Puritaner unzivilisierten Verhaltens und weil sie nicht den christlichen Glauben praktizierten. In den ersten Jahren der Kolonisierung gab es wenig Kontakt mit den Indigenen in Massachusetts, da der Großteil der einheimischen Bevölkerung dieser Region aufgrund von Seuchen, mit denen die Weißen sie infiziert hatten, ausgerottet worden war. Die immer weitere Ausdehnung ihrer Siedlungen brachte die Puritaner jedoch schließlich doch in Kontakt mit verschiedenen indigenen Gruppen. Hierbei versuchten die Puritaner, die Ureinwohner mit ihren – ihrer Meinung nach – überlegenen moralischen Standards zu behandeln. Wenn ein Weißer ein Verbrechen gegenüber einem Indigenen verübte, so wurde er genauso bestraft, wie wenn er sich an einem seiner Landsleute vergangen hätte. Auch unterstanden die Indigenen dem Schutz der kolonialen Gesetze. Hierbei fiel es den Weißen jedoch nie ein, sich zu fragen, ob die von ihnen angelegten Maßstäbe mit denen der Indigenen übereinstimmten. Ihre Kultur wurde als die überlegene betrachtet, also kam es niemandem in den Sinn, sich nach den Werten der amerikanischen Ureinwohner zu erkundigen. Wenn die Indigenen den Glauben und die Kultur der Weißen annahmen, so durften sie innerhalb des Gebiets der Siedler leben. In den 1670ern waren bereits mehr als 1.500 amerikanische Ureinwohner zum Christentum konvertiert und hatten sich in sogenannten *Praying Towns* niedergelassen, wo sie die englische Lebensweise annahmen. Die Missionsbemühungen der Puritaner wurden dadurch verstärkt, dass manche glaubten, dass die Indigenen Nachfahren der verlorenen Stämme Israels seien. Der Ausbruch des *King Philip's War* erschütterte jedoch die Überzeugung der Siedler, die Indigenen dauerhaft missionieren zu können (Bremer 91-92). Im Jahr 1675 hatte der *King Philip* genannte Anführer der Wampanoags, eines indigenen Stammes, ungefähr die Hälfte der Ureinwohner Neuenglands um sich versammelt, um gegen die Weißen zu kämpfen. Es folgte ein blutiger Konflikt, in dem zahlreiche Menschen ihr Leben ließen (Hetty Shepard 68-72). Die Puritaner konnten nicht verstehen, dass ihre Missionsbemühungen und die Ausbreitung des von ihnen in Anspruch genommenen Gebiets die Lebensgrundlagen der Indigenen bedrohten, und sahen deshalb die Aggressionen gegen sich als nichts anderes als Verrat an. Viele Weiße kamen deshalb zu dem Schluss, dass man den amerikanischen Ureinwohnern nicht trauen könne, und Indigene wurden zunehmend ohne vorhergehende Provokation angegriffen (Bremer 92). Nach dem Krieg, welcher sein Ende fand, als King Philip 1676 getötet wurde (Walsh), sahen die meisten Bewohner Neuenglands die Indigenen als ein fremdes Volk an, das keinen Platz in ihrer Mitte hatte (Bremer 92-94).

In seiner Predigt „Of Ineffectual Hearing" ruft Thomas Shepard seine Glaubensbrüder dazu auf, darüber nachzudenken, wie es ihnen ergehen würde, wenn sie Gottes Wort nie gehört hätten. Er weist darauf hin, dass es ihnen in diesem Fall wie den amerikanischen Ureinwohnern gehen würde, die er mit einer Horde von Tieren vergleicht:

> I beseech you therefore, beloved in Christ, set upon the use of these meanes, think within your selves; what if the Lord had left me without the word? I will tell you what ye would have been. Look upon these poor *Indians*, herds of beasts [. . .]. (96)

Ich denke, an dieser Stelle ist deutlich die herablassende Haltung, mit der die Weißen den Indigenen oftmals begegneten, zu erkennen; denn obwohl sich die Puritaner als Gottes Auserwählte betrachteten und den Großteil der Menschheit als verdammt ansahen, so waren nicht auserwählte Weiße für sie zwar Sünder, aber immer noch Menschen und keine Tiere.

Was es im frühen Neuengland bedeutete, der Sklaverei unterworfen zu sein, ist schwer zu definieren. Einerseits wurden die Familienoberhäupter angewiesen, auch ihre Sklaven Lesen und Schreiben zu lehren, und sonntags gingen die Sklaven wie alle anderen in die Kirche. Dies kann jedoch nicht die Tatsache beschönigen, dass die Schwarzen aus ihren Heimatländern verschleppt, in die Sklaverei gezwungen und ihrer Grundrechte beraubt wurden (Bremer 94). Da die Puritaner der Überzeugung waren, dass sie Gottes Auserwählte seien, begründeten sie die Sklavenhaltung damit, dass Gott die Schwarzen verflucht und dazu verurteilt habe, den Weißen zu dienen. Cotton Mather beispielsweise sagte den afrikanischen Sklaven, dass sie die sündhaften Kinder Adams und Noahs seien und die Sklaverei daher ihre Strafe sei („Slavery").

Ich denke, dieses Kapitel hat gezeigt, dass es schwierig ist, die Puritaner von lediglich einem Standpunkt aus zu betrachten, und dass die puritanische Mentalität vielmehr aus einem komplexen Geflecht verschiedener Vorstellungen bestand. Einerseits mutet die Art und Weise, in welcher die Puritaner ihren Alltag gestalteten, für uns heute sehr prüde und übertrieben moralisch an, aber andererseits waren sie in manchen Punkten wie ihren Vorstellungen von Ehe oder Demokratie bereits sehr fortschrittlich.

3.2 Quäker

Im Folgenden möchte ich, wie im vorangegangenen Kapitel über die Puritaner auch, auf verschiedene Aspekte des Glaubens sowie der moralischen und sozialen Vorstellungen der Quäker eingehen. Hierbei werde ich wieder jeweils verschiedene Autoren anführen, welche ich unter Punkt 3.2.1 auflisten werde. An dieser Stelle sei noch erwähnt, dass ich weniger Autoren untersuchen werde als bei den Puritanern, da es sich bei den mir vorliegenden quäkerischen Dokumenten meist um sehr umfassende Werke handelt, während die mir von den Puritanern vorliegenden Werke oftmals nur eine oder wenige Seiten umfassen. Darüber hinaus wird dem Leser zweifelsohne auffallen, dass die ausgewählten Texte teilweise aus späteren Jahrhunderten stammen als die der Puritaner; dies liegt jedoch darin begründet, dass die Quäker bis heute existieren und ihre Texte deshalb mehrere Jahrhunderte umspannen, während der Puritanismus schon vor langer Zeit verschwand. Auf diesen Umstand werde ich jedoch später noch in Kapitel 4 „Puritaner und Quäker heute" eingehen.

3.2.1 Biografien

James Nayler (1618-1660): Nayler wurde 1618 in Ardsley, Yorkshire in England geboren und verbrachte sein Leben bis zum Ausbruch des Bürgerkrieges als Landwirt. Nach seiner Dienstzeit in der Armee kehrte er zunächst zu seinem Hof zurück, bis er sich der Quäkerbewegung anschloss und zu einer ihrer wichtigsten Führungsfiguren aufstieg, bis er aufgrund eines Skandals (siehe 2.2) in Ungnade fiel. Als er schließlich aus dem Gefängnis entlassen wurde, fuhr er fort zu predigen; er wurde jedoch nur ein Jahr später Opfer eines Raubüberfalls, der ihn das Leben kostete („James Nayler").

George Fox (1624-1691) (Steere, *George Fox* 3): Auf George Fox' Biografie wurde bereits in Kapitel 2.2 detailliert eingegangen, weshalb an dieser Stelle darauf verzichtet werden soll. Folgende Hinweise möchte ich dem Leser jedoch noch an die Hand geben:

In den 1670er Jahren schrieb George Fox seine Autobiografie, welche er als *Journal* bezeichnete. Wie in jeder Autobiografie finden sich auch hier Hinweise auf Selektion zu seinen Gunsten, das heißt, dass jene Ereignisse, mittels derer er sich selbst oder seine Anhänger besonders positiv darstellen konnte, bevorzugt geschildert wurden, und jene Ereignisse, die ihn in einem schlechten Licht erscheinen lassen könnten, ausgelassen wurden. Trotzdem ist Fox' *Journal* ein außerordentlich wertvolles Zeugnis für die damalige Epoche und die Entstehung der Quäkerbewegung (Hamm 14). Obwohl Fox nur einmal nach Amerika reiste (Fox 83) und ansonsten in England wirkte, sind seine Schriften von zentraler Bedeutung für das Quäkertum, da er der Gründer der Bewegung war und alles, woran die amerikanischen Quäker glaubten, von seinen Vorstellungen beeinflusst wurde.

William Penn (1644-1718) („William Penn"): Auf Penns Biografie wurde ebenfalls bereits in Kapitel 2.2 eingegangen, weshalb ich an dieser Stelle lediglich noch einmal darauf verweisen möchte.

John Woolman (1720-1772): Woolman wurde im Jahr 1720 (Steere, *John Woolman* 94) in Northampton, New Jersey, als Sohn einer Farmersfamilie geboren. 1743 wurde er

Prediger und reiste in den folgenden Jahren quer durch Amerika („Biography of John Woolman"). Das von ihm verfasste *Journal* ist ein Klassiker und eines der wichtigsten Werke der amerikanischen Quäker des 18. Jahrhunderts. Jenes Werk beleuchtet nicht nur den individuellen Werdegang eines überzeugten Quäkers, sondern auch, wie sich dessen Überzeugungen auf andere Menschen und sogar auf die Geschichte seiner Zeit auswirkten. So war Woolman ein strikter Gegner der Sklaverei und versuchte dies seinen Glaubensbrüdern nahezubringen (Steere, *John Woolman* 94-95).

Catherine Payton Phillips (1727-1794): Payton Phillips wurde im Jahr 1727 in Dudley, Worcestershire in England als Tochter eines Quäkerpredigers geboren. Im Alter von 22 Jahren hielt sie ihre erste eigene Predigt. Von diesem Zeitpunkt an reiste sie für die nächsten dreißig Jahre fast ohne Unterbrechung als Predigerin sowohl innerhalb Englands als auch ins Ausland. Sie bereiste mehrmals Amerika, um dort von ihrem Glauben zu predigen; hier ist vor allem ihr langer Aufenthalt von 1753 bis 1756 hervorzuheben (Skidmore, *Catherine Payton Phillips* 63).

Rufus M. Jones (1863-1948): Jones, geboren im Jahr 1863 in South China, Maine („Jones, Rufus M."), war einer der wichtigsten, wenn nicht sogar der wichtigste Vertreter des Quäkertums in der ersten Hälfte des 20. Jahrhunderts. Er war Editor und Co-Autor eines sechsbändigen geschichtlichen Werkes über die Quäker, war Mitbegründer und Leiter des *American Friends Service Committee*, auf welches später noch eingegangen wird, verfasste zahlreiche Bücher und unterrichtete Philosophie am Haverford College (Steere, *Rufus M. Jones* 128).

Thomas R. Kelly (1893-1941): Kelly, geboren im Jahr 1893, wuchs mit seiner Mutter, einer Quäkerin, in Wilmington, Ohio, auf. Nach seinem Studium promovierte er und unterrichtete daraufhin Philosophie, zunächst am Earlham College und von 1936 bis zu seinem Tod im Jahr 1941 am Haverford College. Nachdem Kelly im Jahr 1937 eigenen Aussagen zufolge ein Erlebnis intensiver Gottesnähe gehabt hatte, begann er, seine Erfahrungen mit seinem Glauben aufzuschreiben. Bei dem vorliegenden Text handelt es sich um ein kleines Buch mit dem Titel *The Eternal Promise*, welches von Kellys Sohn Richard veröffentlicht wurde (Steere, *Thomas R. Kelly* 150).

3.2.2 Religion und Gottesbild

Viele der frühen Quäker erwarteten eine baldige Apokalypse, das heißt, sie waren überzeugt, dass Christi Wiederkunft unmittelbar bevorstünde, und Fox schien teilweise durchblicken zu lassen, dass er glaube, er würde eine besondere Rolle beim finalen Kampf von Armageddon gegen Satan innehaben (Hamm 16-17). Die Wiederkehr Christi war für die Quäker jedoch vor allem eine innere Erfahrung. Christus, so glaubten sie, habe sich ihnen offenbart, und würde sich ebenso allen anderen Menschen offenbaren. Diese frühen Quäker sahen sich als die wahre Kirche und Gottes Auserwählte an; jedoch waren sie auch davon überzeugt, dass alle Menschen zu ihnen gehören und gerettet werden könnten, da in spirituelIer Hinsicht alle gleich seien, was natürlich eine Herausforderung für die Calvinisten und ihre Prädestinationslehre darstellte (Dandelion 9-10). Die These der frühen Quäker, dass sich Gottes Reich schon in dieser Welt entfalte, führte dazu, dass sie nie ein klares Konzept vom Leben nach dem Tod entwickelten (57).

Dieser Glaube an die eigene Auserwähltheit spiegelt sich auch in William Penns Vorwort zu George Fox' *Journal* wieder. Penn schreibt hier, dass er daran glaube, dass Fox von Gott gesandt worden sei: „And indeed it showed, beyond all contradiction, that God sent him [. . .]" (Penn, *Preface* 5). Auch war Penn überzeugt, dass Fox' Botschaft nicht auf Wissen basiere, sondern dass ihm diese vielmehr von Gott selbst eingegeben worden sei. Penn schien Fox als eine Art Propheten zu betrachten, und wie auch Fox selbst (siehe weitere Ausführungen) sah Penn die quäkerische Lehre als die *Wahrheit* (*Truth*) an, was wiederum den Aspekt der Göttlichkeit der Botschaft verstärkte (5-6).

Wenn man den Ausführen von George Fox' *Journal* folgt, wird schnell deutlich, dass er sich mit den Propheten der Bibel auf eine Stufe zu stellen schien: „[. . .] but I told him experience was one thing but to go with a message and a word from the Lord as the prophets and the apostles had and did, as I had done to them, this was another thing" (33). Die Quäkerbewegung selbst bezeichnet Fox in seinem *Journal* als *Volk Gottes*, womit er diese implizit mit dem Volk Israel vergleicht: „For I several times writ to Oliver Cromwell and told him, while he was persecuting God's people [. . .]" (62). An vielen Stellen seines Werkes lässt sich seine Überzeugung erkennen, dass seine Lehre die Wahrheit sei, da er diese stets als *Truth* bezeichnet: „Afterwards, in the prison this young woman came to be convinced of God's everlasting Truth" (25).

Die Hoffnung, dass Christi Wiederkehr unmittelbar bevorstünde, nahm zwar ab der Mitte der 1660er kontinuierlich ab (Dandelion 16), aber dennoch lassen sich auch in den Werken späterer Quäker noch Anklänge an die Überzeugungen der frühen Quäker finden. So schreibt der 1863 geborene Rufus M. Jones in seinem Werk *Finding the Trail of Life* von seiner Überzeugung, dass es unter den Quäkern Propheten gebe. In einer Episode berichtet er davon, dass er kurz nach seiner Geburt seiner Tante in die Arme gelegt worden sei. Diese Tante bezeichnet er als eine Heilige und ist davon überzeugt, dass sie prophetische Visionen gehabt habe. So habe sie beispielsweise vorausgesagt, dass Jones eines Tages ein bedeutender Prediger sein würde (130). Er schreibt weiter, dass vor allem die Art und Weise, mit der andere Quäker seine Großmutter behandelten – mit solchem Respekt, als wäre sie eine Königin – ihn davon überzeugt habe, dass sie Gottes auserwähltes Volk seien und Gott bestimmte Mitglieder dieses Volkes als Boten aussende (133-134): „It was partly these cases of divine selection and the constant impression that God was using these persons whom I knew to be his messengers that made me so sure of the fact that we were his chosen people" (134). Auch sein Onkel war für ihn eine Art Heiliger, da dieser Jones zufolge etwas fast Überirdisches an sich zu haben und einen inneren Frieden auszustrahlen schien: „[. . .] he was becoming more and more like my ideal of a saint" (142-143). Dies ist die dritte Stelle, an der Jones explizit einen Menschen mit einem Heiligen oder einer Art übernatürlichem Wesen vergleicht. Hier sieht man deutlich seine Tendenz, die Quäker als auserwähltes Volk zu sehen und die Menschen in seiner direkten Umgebung als Propheten. Auf diesen Gedanken kommt er an einer späteren Stelle noch einmal zurück und erklärt, dass ihn das Alte Testament in seiner Kindheit stark beeinflusst habe, vor allem die Vorstellung, dass Gott ein Volk oder einzelne Menschen als seine Propheten auserwähle: „The idea of choice, the fact that God chose a people and that he chose individuals for his missions, was rooted in my thought" (135).

Generell hatten die Quäker ein sehr positives Gottesbild. So sah George Fox Gott als ein Wesen unendlicher und ewiger Liebe an (Hamm 15): „And I saw into that which was without end, and things which cannot be uttered, and of the greatness and infiniteness of the love of God, which cannot be expressed by words" (Fox 13). James Nayler, ein vormals wegen Blasphemie verurteilter Quäker (siehe 2.2), soll angeblich zwei Stunden vor seinem Tod die folgenden Worte gesprochen haben (52), welche sehr treffend die Essenz des quäkerischen Gottesbildes zusammenfassen, nämlich das eines Gottes der Liebe, für den Vergebung, Sanftmütigkeit und Bescheidenheit die wichtigsten Eigenschaften waren:

> There is a spirit which I feel that delights to do no evil, nor to revenge any wrong. [...] As it bears no evil in itself, so it conceives none in thoughts to any other. If it be betrayed, it bears it, for its ground and spring is the mercies and forgiveness of God. Its crown is meekness, its life is everlasting love unfeigned; it takes its kingdom with entreaty and not with contention, and keeps it by lowliness of mind. In God alone it can rejoice, though none else regard it, or can own its life. (qtd. in Fox 52-53)

Auch war Gott für die Quäker keine distanzierte, unbegreifliche Macht, sondern eine Kraft, die sie ständig in sich spürten. In einer Passage von *Finding the Trail of Life* beschreibt Jones die nahe Beziehung, die alle Mitglieder seiner Familie mit Gott gehabt zu haben schienen. Durch die Art und Weise, in der Jones dies beschreibt, entsteht der Eindruck, dass Gott für ihn fast wie eine Art weiteres Familienmitglied war:

> God, as I have said, was as *real* to everybody in our family as was our house or our farm. I soon realized that Aunt Peace *knew* him and that grandmother had lived more than eighty years in intimate relation with him. (133)

Auch schien George Fox stets nur dann zu handeln, wenn er sich von Gott dazu berufen fühlte. In fast allen Passagen seines *Journals*, in denen er eine seiner Handlungen beschreibt, fügt er sofort hinzu, dass Gott dies von ihm gewünscht habe; interessanterweise sagt er jedoch nie, Gott habe ihm etwas *befohlen*, sondern fast immer, er habe ihn dazu *bewegt* (24-85): „[...] they asked me why we came thither. I said God moved us to do so" (21). Dies zeigt meiner Ansicht nach deutlich, dass Gott für ihn wie eine Art Freund war, mit dem er ständig kommunizierte.

Thomas R. Kelly schließlich vergleicht in seinem Werk *The Eternal Promise* die Quäker mit den Katholiken. Er schreibt, dass die Quäker diesen in einem Punkt recht ähnlich seien: Während die Katholiken daran glaubten, dass Christus in der heiligen Kommunion in

Form von Brot und Wein wirklich und leibhaftig unter ihnen weile, so seien die Quäker in ihren Versammlungen davon überzeugt, dass Gottes Geist sich wirklich in ihrem Inneren manifestiere: „I believe that the group mysticism of the gathered meeting rests upon the Real Presence of God in our midst. [. . .] Here the Quaker is very near the Roman Catholic" (160-161).

Der zentralste Punkt von George Fox' Lehre war meiner Ansicht nach die Idee des inneren Lichts. Die Quäker glaubten daran, dass jeder Mensch, der je gelebt habe, ein inneres Licht in sich getragen habe. Dieses sei das Licht Christi, von dem ein Teil in jedem Menschen schlummere (Hamm 15; Fox 54): „[. . .] the light of Christ who had enlightened every man that cometh into the world [. . .]" (Fox 54). Nach diesem Licht sollten sich alle Menschen richten, da sie nur dadurch gerettet werden würden: „Looking down at sin, and corruption, and distraction, you are swallowed up in it; but looking at the light that discovers them, you will see over them. [. . .] That will bring salvation" (58). Diese Erfahrung der Göttlichkeit im Menschen war jedoch nicht auf das Christentum beschränkt. So war Fox der Überzeugung, dass auch Heiden ihr inneres Licht spüren und somit gerettet werden könnten, ohne jemals von Christus gehört zu haben (Hamm 15). Im Jahr 1648 schließlich hatte Fox eine Art überirdische Erfahrung, während derer er zu spüren glaubte, dass mit ihm eine Transformation vor sich gehe, nach der er sich zunächst im selben Zustand wie Adam vor dem Sündenfall befunden habe und dann sogar noch darüber hinaus erhoben worden sei, bis er einen Zustand vollkommener Perfektion und Reinheit erreicht habe (Dandelion 5-6):

> I knew nothing but pureness [. . .] so that I say I was come up to the state of Adam which he was in before he fell. [. . .] But I was immediately taken up in spirit, to see into another or more steadfast state than Adam's in innocency, even into a state in Christ Jesus, that should never fall. (Fox 15-16)

Diese Verwandlungserfahrung, welche die frühen Quäker machten, bestand ihrer Interpretation zufolge aus sechs Stufen: das Gefühl, von Gottes Macht durchdrungen zu werden; die Erkenntnis der Sündhaftigkeit des bisherigen Lebens; Bereuen und die Akzeptanz des neuen Lebens; die Erneuerungserfahrung; der Wunsch, sich mit anderen auszutauschen, welche diese Erfahrung mit ihnen teilten; und die Missionierung derjenigen, welche diese Erfahrung noch nicht gemacht hatten (Dandelion 6).

Direkt damit in Zusammenhang stand die ungewöhnliche Bedeutung, welche die Quäker persönlichen Offenbarungen im Gegensatz zur Bibel einräumten. Bekanntlich ist ein Kernproblem aller Religionen schon immer die Frage gewesen, wie man Gottes Willen erfahren könne. George Fox war der Überzeugung, dass dies mittels direkter Offenbarungen, welche Gott den Menschen mache, geschehe. Für ihn waren diese kein Zusatz zur kirchlichen Lehre und der Autorität der Bibel, sondern ersetzten diese (Dandelion 5). So schrieb er in seinem *Journal*:

> These things I did not see by the help of man, nor by the letter, though they are written in the letter, but I saw them in the light of the Lord Jesus Christ,

and by his immediate Spirit and power, as did the holy men of God, by whom the Holy Scriptures were written. (16)

Frühe Quäker argumentierten, dass Gott ein Bündnis mit ihren Herzen geschlossen habe und äußere Formen daher unwichtig seien (Dandelion 5). In den 1650ern kam es sogar zu einigen Vorfällen, in denen Quäker Bibeln verbrannten, da sie diese als oberflächliche Hürden, die der wahren Religion im Wege stünden, betrachteten. Dies waren jedoch Einzelfälle. Fox selbst bestritt immer jegliche Feindseligkeit gegenüber der Bibel; tatsächlich waren die meisten frühen Quäker in den biblischen Schriften sehr versiert. Fox argumentierte jedoch, dass derselbe Geist, der die Autoren der Bibel inspiriert habe, noch immer zu den Menschen sprechen könne, und dass daher die Bibel nicht über den Geist selbst gestellt werden dürfe. Aus diesem Grund war für ihn die Bibel weit weniger wichtig als dies bei allen anderen christlichen Gruppierungen der Fall war (Hamm 16). Sowohl die evangelische und die katholische Kirche als auch die meisten Splittergruppen und Sekten haben stets versucht, entweder anhand der Bibel zu argumentieren und ihre jeweiligen Vorstellungen vom Glauben mit entsprechenden Bibelstellen zu rechtfertigen (vor allem im Protestantismus) oder diese mit den Traditionen der Kirche und der Autorität kirchlicher Würdenträger (vor allem im Katholizismus) zu begründen. Jedoch nicht so George Fox. Für ihn war es viel wichtiger, die Stimme Gottes in seinem Inneren zu hören und daraus abzuleiten, was er glauben und wie er leben sollte (Fox 10). Daher pflegte Fox seine religiösen Überzeugungen anders zu untermauern als man dies von anderen christlichen Gruppierungen gewöhnt ist. So schreibt er an einer Stelle, er habe zuerst den Geist Gottes in sich gespürt und danach festgestellt, dass das, was in der Bibel stehe, mit seinen spirituellen Erkenntnissen übereinstimme (16). Ich vermute daher, dass Fox, falls er einmal auf Bibelstellen gestoßen wäre, die seinen inneren Überzeugungen widersprachen, seinen Überzeugungen den Vorzug gegeben und die entsprechenden Stellen missachtet hätte. Dennoch finde ich es interessant, dass Fox gelegentlich die Bibel als Begründung für sein Handeln zitierte bzw. viele seiner Aussagen eindeutig auf einer Bibelstelle basierten, obwohl er doch eigentlich primär sein inneres Licht als für sein Handeln leitend angab. Doch ich denke, man kann dies mit seiner Aussage erklären, dass die Inhalte, welche er in der Bibel vorfinde, mit dem, was Gott ihm eingegeben habe, übereinstimmten.

Auch Rufus M. Jones äußert sich zu diesem Thema. So berichtet er davon, dass er zwar als Kind geglaubt habe, dass man die Bibel wörtlich nehmen müsse, jedoch im Laufe seines Lebens gelernt habe, dass Gott sich den Menschen ständig neu offenbare. Daher sei die Wahrheit nichts Abgeschlossenes, das man Wort für Wort aus der Bibel ablesen könne, sondern etwas, das im Laufe des Lebens eines Menschen in diesem wachse (135). Auch sehe er keinen Grund dafür, dass Gott in heutiger Zeit nicht mehr zu den Menschen sprechen solle; denn wenn er sich in früheren Jahrtausenden den Menschen offenbart habe, so könne er sich auch den heutigen Menschen zeigen, ja es sei sogar möglich, dass seine Offenbarungen noch deutlicher seien als früher:

> The very fact that the spirit of God could impress his thought and will upon holy men of old and had done it made me feel confident that he could con-

tinue to do that, and consequently that more light and truth could break through men in our times and in those to come. (135)

Eine interessante Aussage zu diesem Thema stellen die Memoiren von Catherine Payton Phillips dar. Payton Phillips berichtet davon, dass sie eine Zeitlang bezüglich ihres Glaubens unsicher gewesen sei, und dass sowohl die ihr in ihrer Kindheit vermittelten Glaubensinhalte als auch die von anderen Quäkern abgelegten Zeugnisse von ihr in Frage gestellt worden seien (67-68). Sie ist jedoch der Meinung, dass dieser Prozess notwendig gewesen sei, um sie auf ihr Dasein als Predigerin vorzubereiten. Sie schreibt, dass sie durch ihre vorherigen Zweifel viel überzeugter Zeugnis von ihrem Glauben ablegen könne, da dieser nun auf persönlichen Erfahrungen beruhe, und sie darüber hinaus das notwendige Verständnis für Menschen aufbringen könne, die auch noch auf der Suche seien: „[...] that I had experienced what I asserted to be the truth; and be also suitably qualified to sympathize with, and minister to, such as were in the like states" (68). Diese Stelle zeigt, dass auch für Payton Phillips die eigene Glaubenserfahrung wichtiger war als die Bibel oder erlerntes Wissen. Diese Überzeugung tritt auch an einer weiteren Stelle zutage, in der sie davon berichtet, dass sie als junge Frau religiöse Schriften gelesen habe, dies im Laufe ihres Lebens jedoch immer mehr reduziert habe. Sie ist davon überzeugt, dass dies göttlicher Wille gewesen sei, da sie dadurch ihren Zuhörern nun von ihrem eigenen Glauben erzählen könne, anstatt nur von Dingen zu berichten, die sie gelesen habe: „[...] that I might not minister from what I had gathered from religious writings; but might receive the arguments [...] by immediate revelation of the Holy Spirit" (70).

Die frühen Quäker waren davon überzeugt, dass alle Menschen Quäker werden konnten und auch sollten, damit auch sie das innere Licht und die besondere spirituelle Intimität mit Gott spüren könnten (Dandelion 87). Im Laufe der Zeit begannen die Quäker jedoch, mit anderen Religionen zusammenzuarbeiten und diesen gegenüber immer toleranter zu werden, kulminierend in der garantierten Religionsfreiheit in Pennsylvania (90-93). William Penn entwarf hier die sogenannten *Fundamental Constitutions*, welche die Grundlage für zukünftige Regierungen bilden sollten (Penn, *Collection* 122). Im ersten Artikel gestand er hierbei der gesamten Bevölkerung Religionsfreiheit zu. Er versicherte, dass jeder Bewohner Pennsylvanias seinen Glauben in der Art und Weise praktizieren dürfe, wie sein Gewissen ihm dies vorschreibe; und sofern anderen damit kein Schaden zugefügt würde, solle die freie Religionsausübung rechtlich einklagbar sein:

> In Reverence to *God*, the *Father of Light and Spirits*, the Author as well as Object of all Divine Knowledge, Faith and Worship, I do for me and mine, declare and establish for the *First Fundamental* of the *Government* of this Country, that every Person that doth or shall reside therein, shall have and enjoy the Free Profession of his or her Faith and Exercise of Worship toward *God*, in such Way and Manner as every such Person shall in *Conscience* believe is most acceptable to God: And so long as every such Person useth not this *Christian Liberty* to *Licentiousness*, or the Destruction of oth-

ers [...]: He or she shall be protected in the Enjoyment of the aforesaid *Christian Liberty* by the *Civil Magistrate*. (122)

Für George Fox war eine revolutionäre Schlussfolgerung aus dem Gedanken, dass das Licht Gottes in jedem Menschen leuchtete, dass es keine „wahre" Religion geben könne, sondern dass vielmehr alle Religionen gleichwertig seien – interessanterweise jedoch nicht alle gleich gut, sondern alle gleichermaßen sinnlos und leer. Dies begründet er in seinem *Journal* damit, dass alle Religionen nur die Worte anderer Menschen wiederholten; man solle jedoch Gottes Geist in sich spüren und dann diesem folgen anstatt anderen Menschen: „[...] for all their religions, and worship, and ways were but talking of other men's words, for they were out of the life and spirit that they were in that gave them forth" (31). Ich denke, man kann sich unschwer vorstellen, wie sehr dies der Kirche missfiel.

Auch John Woolman war die Gleichberechtigung der verschiedenen Religionen ein Anliegen, wobei er hier positiver formulierte als Fox. Er betont in seinem *Journal*, dass aufrichtige, gute Menschen, die Gott wirklich liebten, immer von ihm akzeptiert würden, gleichgültig, welcher Religion oder Gesellschaft sie angehörten: „I found no narrowness respecting sects and opinions, but believed that sincere, upright-hearted people in every Society who truly loved God were accepted of him" (100).

Ein wichtiges Element der Quäker-Gottesdienste (sofern man hier überhaupt von einem Gottesdienst im traditionellen Sinne sprechen kann – die Quäker selbst nannten und nennen ihre religiösen Zusammenkünfte für gewöhnlich einfach *Meetings for Worship*) war die Stille. Für gewöhnlich saßen alle Besucher während der gesamten Zusammenkunft in vollkommenem Schweigen da. Nur hin und wieder wurde das Schweigen durchbrochen, wenn jemand glaubte, dass Gott ihn dazu berufen habe, etwas zu sagen („Quakers"). Die Stille war also das Medium, mittels dessen die Quäker Gottes Offenbarungen zu erhalten glaubten (Dandelion 10). Gerade in der Anfangszeit wurde jedoch auch häufig gepredigt, wenn sich jemand dazu berufen fühlte; so konnte George Fox mühelos über eine Stunde predigen (39). Doch auch Fox sprach nur, wenn er sich von Gott dazu berufen fühlte; wenn nicht, so weigerte er sich, etwas zu sagen, selbst wenn er als Prediger zu einem Treffen eingeladen worden war; der Mensch wurde nur als Kanal gesehen, durch den sich Gottes Wort manifestierte (73). Ebenso charakteristisch war für die Quäker der Anfangszeit, dass sie keine offiziellen Prediger oder Pastoren hatten. Sie glaubten fest daran, dass alle Christen Prediger sein könnten, wenn sie durch den Heiligen Geist dazu bewegt würden. Daher involvierten ihre *Meetings for Worship* auch keine feste Liturgie oder vorgeschriebene Rituale (Hamm 21). Von Beginn des 18. Jahrhunderts an wurden zwar einige Mitglieder, denen ein besonderes Talent dafür zugestanden wurde, als Prediger vermerkt; die Gottesdienste basierten jedoch weiterhin auf dem Element der Stille (Dandelion 40).

Die immense spirituelle Bedeutung, welche die Stille für George Fox hatte, manifestiert sich deutlich in der folgenden Passage: „Therefore be still a while from thy own thoughts, searching, seeking, desires and imaginations, and be stayed in the principle of God in thee [...]" (57).

Auch Jones setzt sich mit diesem Thema auseinander. Er erzählt davon, dass sich seine Familie in seiner Kindheit jeden Morgen versammelt und eine Andacht abgehalten habe. Die Mutter habe dann ein Kapitel aus der Bibel vorgelesen, woraufhin eine ab und an durch einzelne Gebete durchbrochene Zeit der Stille gefolgt sei. Jones schreibt, dass dies eine sehr prägende Erfahrung für ihn gewesen sei, da er gespürt habe, dass er durch diese Stille Gott nahe sei: „I very quickly discovered that something *real* was taking place. [...] Some one would bow and talk with God so simply and quietly that he never seemed far away" (131).

Ich denke, dass dieses Kapitel deutlich gezeigt hat, wie sehr die Glaubensvorstellungen der Quäker von denen ihrer Zeitgenossen abwichen. Wenn man die Rigidität der Religion in der frühen Neuzeit bedenkt, so ist es nicht verwunderlich, dass die Quäker anfangs massiv verfolgt wurden.

3.2.3 Moralische und soziale Werte

George Fox hatte ein besonderes Interesse an den unteren sozialen Schichten, was sich beispielsweise in folgender Passage seines *Journals* zeigt. Hier erzählt er von einer Begegnung mit Steuereintreibern, welchen er einschärfte, die Armen gut zu behandeln: „[...] and I was moved of the Lord to go to them and warn them to take heed of oppressing the poor [...]" (20). Auffällig ist auch an dieser Stelle seine charakteristische Formulierung, dass Gott ihn dazu *bewegt* habe. Der Aspekt der Nächstenliebe zeigt sich auch im folgenden Abschnitt sehr deutlich: Fox berichtet von einer massiven Verfolgungswelle, während derer zweihundert Quäker zum Parlament gegangen seien und angeboten hätten, sich selbst anstelle ihrer Freunde inhaftieren zu lassen, damit diese nicht stürben. Fox erklärt, dass dies aus Liebe zu Gott und den Mitbrüdern geschehen sei, aber auch aus Liebe zu denen, die diese ins Gefängnis gebracht hätten, damit sie nicht die Schuld am Tod Unschuldiger auf sich lüden: „And this we did in love to God and our brethren that they might not die in prison, and in love to them that cast them in, that they might not bring innocent blood upon their own heads [...]" (59). Dieser Aspekt der Feindesliebe ist ebenfalls in der Bibel zu finden: „Ich aber sage euch: Liebt eure Feinde und bittet für die, die euch verfolgen" (Matthäus 5, 44). Es ist interessant, wie viele Themen, die Fox am Herzen lagen, in der Bibel wiederzufinden sind, obwohl er dieser einen eher geringen Stellenwert beimaß.

Für Rufus M. Jones schien die Nächstenliebe genau wie für George Fox einer der wichtigsten Punkte seines Glaubens gewesen zu sein. So schreibt er in *Finding the Trail of Life* über seinen im vorherigen Unterkapitel bereits erwähnten Onkel, der für ihn ein leuchtendes Vorbild war. So beschreibt Jones in einer Passage, wie sein Onkel sich auch noch im hohen Alter abgemüht habe, in der Nachbarschaft Gutes zu tun. Beispielsweise habe er sich für die Errichtung einer Bibliothek eingesetzt, versucht, die Schließung des örtlichen Saloons zu erwirken, Geld für die Errichtung einer Bildungseinrichtung gesammelt etc. Doch trotz all dieser Mühen schien sein Onkel stets ein fröhlicher Mann gewesen zu sein, der Freude daran hatte, sich den Problemen anderer anzunehmen (142). Auch das folgende prägende Erlebnis aus Jones' Kindheit weist auf die Bedeutung hin, welche der Vorsatz der Nächstenliebe in der Quäkerbewegung hatte. Jones erzählt hier davon, dass er eines Morgens in den Stall gegangen sei, um seine Tiere zu füttern; doch habe er zu seinem Entsetzen feststellen müssen, dass der Stall in der Nacht von einem Sturm zerstört worden war. Daraufhin sei er durch das Dorf gerannt, um Hilfe zu holen. Die Nachricht vom Unglück seiner Familie habe sich rasch verbreitet, und bald sei ihr Hof voller Männer gewesen, die beim Wiederaufbau des Stalles halfen. Den jungen Jones beeindruckte vor allem, dass es sich bei ihren Helfern um arme, hart arbeitende Männer handelte, die selbst über keine großen Reichtümer verfügten und dennoch so selbstlos anderen halfen. Jones gibt zwar zu, dass dieses Ereignis anderen nicht als etwas Außergewöhnliches erscheinen möge, bestätigt jedoch, dass es ihn selbst nachhaltig beeinflusst habe (143). Der Grund hierfür sei gewesen, dass ihm plötzlich klar geworden sei, dass die Religion dieser Menschen nicht allein auf den Gottesdienst beschränkt sei, sondern dass ihr Glaube die Quäker dazu bringe, sich für andere einzusetzen:

> I saw, as I had not seen before, that the religion of these men was not merely an affair of the meetinghouse; not merely a way to get to heaven. It was something which made them thoughtful of others and ready to sacrifice for others. (143-144)

Jones beschließt diese Episode mit einsichtigen Worten über seinen Glauben und den seiner Mitbrüder: „During those days that I worked in the cold of a Maine winter, among those men with their rough clothes and hard hands, I was helping build more than a barn; I was forming a wider view of the religion which such men as these were living by" (144).

Auch Thomas R. Kelly weist am Anfang von *The Eternal Promise* darauf hin, dass die Liebe zu Gott zugleich die Liebe zu den Mitmenschen implizieren müsse: „Love of God and love of neighbor are not two commandments, but one" (151). Für ihn ist Religiosität nichts Weltfremdes, sondern im Gegenteil etwas sehr Praxisorientiertes (151). Im folgenden Abschnitt spricht Kelly das bekannte Thema des göttlichen Samenkorns an, das in jedem Menschen versteckt sei (158) – und wenn sich jemand um seine Mitmenschen kümmere und sich sozial engagiere, so Kelly, dann würde dieses Samenkorn in ihm wachsen:

> That's why the Quaker work camps are important. Take a young man or young woman in whom Christ is only dimly formed, but one in whom the Seed of Christ is alive. Put him into a distressed area, into a refugee camp, into a poverty region. Let him go into the world's suffering, bearing this Seed with him, and in suffering it will grow, and Christ will be more and more fully formed in him. (158)

Die Quäker hatten die Tendenz, weltlichen Dingen zu entsagen. So waren sie gegen die Zurschaustellung von Reichtum und zogen es vor, einfache, schlichte Kleidung zu tragen (Hamm 22). Die bekannte traditionelle graue Quäkerkleidung mit den breiten Hüten wurde zwar erst im 18. Jahrhundert zur Norm; aber auch die ersten Quäker erkannte man bald an ihrer schlichten Kleidung. Diese Haltung zog sich auch durch andere Bereiche ihres Lebens.

So zogen sie ebenso schlichte Häuser vor, beerdigten ihre Toten ohne Grabsteine und hielten Musik und Theater für überflüssige Frivolitäten (Dandelion 13).

Auch John Woolman spricht sich in seinem *Journal* für ein einfaches Leben und gegen Ausschweifungen aus:

> About the time called Christmas I observed many people from the country and dwellers in town who, resorting to the public houses, spent their time in drinking and vain sports, tending to corrupt one another, on which account I was much troubled. (103)

Darüber hinaus betont Woolman, dass Bescheidenheit und Genügsamkeit wichtige Charaktereigenschaften seien und dass ein bescheidener Mensch auch mit wenig auskommen könne. Materieller Erfolg mache nicht glücklich, sondern führe im Gegenteil dazu, dass man immer mehr besitzen wolle: „[...] with an increase of wealth the desire of wealth increased" (105).

Im vorliegenden Brief gibt William Penn seinen Kindern eine Reihe von Ratschlägen zu verschiedenen Themen (*Collection* 893). So rät er ihnen beispielsweise, mit so wenig Geld wie möglich auszukommen und den Rest ihres Einkommens für wohltätige Zwecke aufzusparen: „Cast up your Income and live on half, if you can one Third, reserving the Rest for Casualties, Charities, Portions" (898). Außerdem rät er ihnen, zwar sauber, aber einfach zu leben, und nennt als Beispiele hierfür Kleidung, Möbel und Nahrung (898). Darüber hinaus zählt Penn eine Reihe von Eigenschaften auf, durch die sich seine Kinder auszeichnen sollten: Bescheidenheit, Sanftmut, Geduld, Barmherzigkeit, Nächstenliebe, Großzügigkeit, Rechtschaffenheit, Dankbarkeit, Fleiß, Genügsamkeit und Mäßigkeit (902-909). Diese Punkte fassen meiner Ansicht nach die zentralsten Eigenschaften, die den Quäkern am Herzen lagen, treffend zusammen.

Da George Fox davon überzeugt war, dass alle Menschen dasselbe göttliche Licht in sich trügen, folgte daraus für ihn, dass alle Menschen gleichwertige Geschöpfe seien – und dies war zur damaligen Zeit, welche durch eine stark hierarchisierte Gesellschaft geprägt war, zweifelsohne ein ungemein revolutionärer Gedanke. Aus diesem Grund weigerten er und seine Anhänger sich standhaft, manchen Menschen mehr Respekt zu bezeugen als anderen. So sprachen sie alle mit *du (thou)* und ihrem Vornamen an, anstatt das formellere *Ihr (you)* und Titel wie *Your Lordship* etc. zu verwenden (Hamm 21-22). Diese Überzeugung tritt in einer Passage von Fox' *Journal* deutlich zutage. Fox schreibt hier, dass er sich weigere, seinen Hut vor Höhergestellten zu ziehen oder sich vor irgendjemandem zu verbeugen; auch bestehe er darauf, alle Menschen zu duzen, gleichgültig ihres gesellschaftlichen Ranges. Wegen all dieser Verstöße gegen die damals geltenden sozialen Normen zog er schon bald den Zorn der Gesellschaft auf sich, weshalb er und seine Anhänger massiv verfolgt wurden. Fox beharrte jedoch weiterhin auf seinen speziellen Verhaltensregeln, da er glaubte, dass Gott ihm deren Einhaltung befohlen habe (16-17). Aus Fox' *Journal* lässt sich außerdem schließen, dass er Kontakt zu Oliver Cromwell hatte. Interessanterweise spricht er auch Cromwell, der das Oberhaupt des Staates war, in seinen Briefen mit *thou*, also *du* an: „*Dear Friend*, This is the word of the Lord God to thee" (41). Auch nennt er ihn schlichtweg bei seinem Vornamen, *Oliver*: „And I gave forth a paper and bid him carry it to Oliver [...]" (41). Sein Bestreben, keinerlei Unterschiede zwischen verschiedenen Menschen zu machen, erstreckte sich also sogar auf die Ranghöchsten des Landes. So schrieb er, als Cromwells Frau Elizabeth krank war, dieser einen Brief, in welchem er sie ebenfalls mit *du (thou)* und *Freundin (Friend)* ansprach: „Friend, Be still and cool in they own mind [...]" (57). Darüber hinaus bezeichnet er sie als *bescheidenes Geschöpf (humble being)*, womit er sie mit den einfachen Menschen des Landes auf eine Stufe stellt: „And it will keep thee humble being come to the principle of God [...]" (57).

John Woolman ging diesbezüglich sogar noch einen Schritt weiter. Er glaubte nicht nur, dass man vor allen Menschen, sondern auch vor Tieren Respekt haben solle (97-99). So erzählt er in einer Episode am Anfang seines *Journals* davon, wie er als Kind eines Tages Steine nach einer Drossel geworfen habe, bis der Vogel schließlich gestorben sei. Nach anfänglicher Zufriedenheit mit sich selbst habe ihn kurz darauf jedoch Entsetzen gepackt, da ihm bewusst geworden sei, dass er zum Spaß ein unschuldiges Wesen getötet habe. Später sei er zu dem Schluss gekommen, dass es Gottes Wille sei, mit jeglichem Wesen, egal ob Mensch oder Tier, respektvoll umzugehen, da sich Gott in allen Lebewesen manifestiere (96-99): „[...] to say we love God as unseen and at the same time exercise cruelty towards the least creature moving by his life, or by life derived from him, was a contradiction in itself" (99).

Ein weiterer Aspekt ihrer Glaubenslehre, der den Quäkern massive Schwierigkeiten mit der Gesellschaft einbrachte, war die Interpretation der Aussage Jesu im Neuen Testament (Hamm 22) „Swear not at all" (qtd. in Hamm 22). Die Quäker schlossen daraus, dass Gott nicht wolle, dass sie Eide schworen, da Christen immer die Wahrheit sagen sollten und das Ablegen eines Eides eine Doppelmoral impliziere. Dies bedeutete jedoch, dass die Quäker oftmals wegen Missachtung des Gerichts in Schwierigkeiten gerieten (22). So schreibt Fox in seinem *Journal*: „[...] and then they caused the oath to be read. And when they had done I told them, I never took an oath in my life. [...] and then they cried, 'Take him away gaoler, take him away'" (87).

Überdies weigerten sich die Quäker, den damals üblichen Zehnten an die Kirche zu entrichten, da sie es mit ihren Grundsätzen für unvereinbar hielten, bezahlte Priester zu finanzieren (Dandelion 12). In einer Episode berichtet George Fox davon, dass er die Predigt eines Geistlichen unterbrochen habe, der davon gesprochen hatte, dass jeder frei zu Gott kommen könne (27). Fox beschimpfte den Geistlichen als Betrüger, da dieser selbst von der Gemeinde den Zehnten entgegennehme, obwohl Christus selbst und der Prophet Jesaia kein Geld für ihre Predigten verlangt hätten:

> And so I was moved of the Lord God to say unto him, „Come down, thou deceiver and hireling, for dost thou bid people come freely and take of the water of life freely, and yet thou takest three hundred pounds off them for preaching the Scriptures to them. Mayest thou not blush for shame? Did the prophet Isaiah and Christ so do that spoke those words and gave them forth freely? [...]" (27)

Ein weiterer wichtiger Punkt, welcher die Quäker von den Mitgliedern anderer Religionen unterschied, war George Fox' dahingehende Interpretation der Bibel, dass das Neue Testament den Christen verbiete, Gewalt anzuwenden. Dadurch wurde der Pazifismus schon früh mit den Quäkern in Verbindung gebracht (Hamm 22) und wurde bald für die gesamte Bewegung typisch, sodass eine pazifistische Grundhaltung zu einem Grundpfeiler der Quäker auf der ganzen Welt wurde (Dandelion 14).

George Fox hatte aufgrund dieser pazifistischen Haltung eine starke Abneigung gegen jegliche Art von Waffen, Krieg und Gewalt. In einer Passage seines *Journals* berichtet er davon, dass er von Oliver Cromwell zu dem Versprechen aufgefordert worden sei, niemals sein Schwert gegen ihn oder die Regierung zu erheben. Fox antwortete ihm mit einem Brief, in dem er erklärte, dass er jegliche Gewalt vehement ablehne (42-43). Gewalt stehe für ihn mit Dunkelheit in Verbindung, und Friedfertigkeit mit Licht (an dieser Stelle wird wiederum die alles durchdringende Licht-Thematik deutlich). Auch sehe er sich als Gesandten von Gott, dessen Aufgabe es sei, ein Zeuge gegen jegliche Gewalt zu sein:

> God is my witness, by whom I am moved to give this forth for the Truth's sake, from him whom the world calls George Fox; who is the son of God who is sent to stand a witness against all violence and against all the works of darkness, and to turn people from the darkness to the light [. . .]. (43)

Auffällig ist an dieser Stelle auch Fox' Implikation, dass er der zurückgekehrte Christus sei, da er sich selbst als *Gottes Sohn* bezeichnet.

Auch Kriege hielt Fox für durch und durch schlecht, egal, mit welcher Begründung sie geführt wurden. Diese Haltung schloss auch Religionskriege mit ein:

> [. . .] and we do certainly know [. . .] that the spirit of Christ [. . .] will never move us to fight and war against any man with outward weapons, neither for the kingdom of Christ, nor for the kingdoms of this world. (67)

Diese Aussage ist besonders interessant, wenn man bedenkt, dass dieser Standpunkt früher von der Kirche nicht geteilt wurde; man denke nur an die Kreuzzüge des Mittelalters, die als „Heilige Kriege" galten, um den Ungläubigen den „wahren" Glauben zu bringen.

Darüber hinaus war Fox gegen die Todesstrafe, zumindest bei geringfügigen Vergehen, ein Umstand, der sich lückenlos in seine sonstige Philosophie der Gewaltlosigkeit einfügt: „[. . .] and [I] was moved to write to the judges concerning their putting men to death for cattle and for money and small things, several times, how contrary to the law of God it was" (24). Interessant finde ich an dieser Stelle, dass zu jener Zeit Todesurteile oft im Namen Gottes vollstreckt wurden, während Fox der Meinung war, dass dies gerade *nicht* im Sinne Gottes sei. Auch wird, wenn man sich Fox' Meinung bezüglich der Todesstrafe vor Augen hält, klar, warum das Strafrecht in Pennsylvania so viel milder war als das in England (siehe 2.2).

Auch wies Fox immer wieder darauf hin, dass die Quäker auf Rache verzichten sollten, gleichgültig, welches Unrecht ihnen zugefügt worden sei: „And whereas men come against us with clubs, staves, drawn swords, pistols cocked, and do beat, cut and abuse us, yet we never resisted them, but to them our hair, backs, and cheeks have been ready" (68). Dieses Zitat ist zweifelsohne von der bekannten Bibelstelle beeinflusst „Ich aber sage euch, dass ihr nicht widerstreben sollt dem Übel, sondern: wenn dich jemand auf deine rechte Backe schlägt, dem biete die andere auch dar" (Matthäus 5, 39). Fox' Weigerung, Gewalt anzuwenden, ging sogar so weit, dass er nicht fliehen wollte, als er erfuhr, dass man ihn verhaften würde: „[. . .] for if I would have escaped their imprisonment I might have been forty miles off before they came; but I was an innocent man and so mattered not what they could do unto me" (Fox 73).

Auch Catherine Payton Phillips berichtet in ihren Memoiren von einer Auseinandersetzung, die sie mit anderen bezüglich der Anwendung von Gewalt hatte. Als sie auf ihrer Amerikareise nach Pennsylvania kam, war sie davon überzeugt, dass Gott sie dorthin geschickt habe, damit sie sich für den Frieden einsetze. Zu jener Zeit hatte es Übergriffe der Franzosen auf die Briten gegeben, bei denen viele Menschen ums Leben gekommen waren. Payton Phillips berichtet davon, dass sie und ihre Begleiterin sich für eine friedliche Lösung des Konfliktes ausgesprochen hätten, jedoch von der Menge zurückgewiesen worden seien: „[. . .] the conduct of us who were concerned to labour for the support of our peaceable Christian testimony, was harshly censured by an unthinking multitude [. . .]" (76).

Wie in Kapitel 2.2 bereits angesprochen war eine der auffälligsten Eigentümlichkeiten der Bewegung, dass Frauen darin eine weit wichtigere Rolle spielten, als dies bei jeder anderen religiösen Gruppierung der damaligen Zeit üblich war. Da sie den Männern als spirituell ebenbürtig angesehen wurden, wurde ihnen das Recht zugestanden, genau wie die Männer zu predigen (Hamm 18-19). Quäkerfrauen waren deshalb oft als Missionarinnen für ihren Glauben unterwegs, und zwar nicht nur auf den britischen Inseln, sondern auch im übrigen Europa, in Nordamerika und der Karibik (185).

Diese Überzeugung bezüglich der Frauen zeigt sich beispielsweise in der folgenden Stelle, in welcher George Fox betont, dass der göttliche Samen in jedem Menschen schlummere, sowohl in Männern als auch in Frauen: „[. . .] and that all people, both males and females, should feel this Seed in them [. . .] that so they might all witness Christ in them [. . .]" (56).

Ein beeindruckendes Dokument einer selbstbewussten Quäkerfrau sind die bereits angesprochenen Memoiren von Catherine Payton Phillips. Vor allem ihr Bericht über ihre Reise nach Amerika ist ein erstaunliches Zeugnis für die Unabhängigkeit vieler quäkerischer Frauen. Payton Phillips reiste ohne männliche Begleitung nur mit einer Freundin und zeigte keine Scheu, fremden Männern ihren Glauben zu predigen. So berichtet sie davon, dass sie im Jahr 1753 zusammen mit ihrer Reisegefährtin den Matrosen und Passagieren auf dem Schiff, mit welchem sie nach Amerika gereist sei, von ihrem Glauben erzählt habe. Und obwohl ein an Bord anwesender Priester sie gewarnt habe, dass die Matrosen die beiden Frauen wahrscheinlich nur beleidigen würden, hätten ihnen diese interessiert zugehört (71-72): „[. . .] they returned for answer, that [. . .] they should be glad to hear the word of God, and would readily admit us" (72). In einer anderen Episode berichtet Payton Phillips davon, dass ihr und ihrer

Begleiterin ein Professor der *Church of England* gefolgt sei, um sie predigen zu hören; schließlich habe er ihnen anvertraut, dass ihre Worte ihn von der Richtigkeit ihres Glaubens überzeugt hätten und er nun ebenfalls zum Quäkertum übertreten wolle (74-75). Ich finde dies überaus beeindruckend; zu einer Zeit, in der Frauen gemeinhin als dem Mann unterlegen angesehen wurden, und in welcher eine allein reisende oder gar predigende Frau ein Skandal war, waren die Quäkerfrauen selbstbewusst genug, um mit den Männern auf Augenhöhe zu sprechen; der Umstand, dass obengenannter Professor sich durch die beiden Frauen sogar zum Quäkertum bekehren ließ, spricht hier Bände.

Beim Thema Ehe hatten die Quäker strikte Regelungen. Es war verboten, Ehen mit Nicht-Quäkern zu schließen. Es war jedoch wichtig, aus Liebe und nicht aufgrund sexueller Anziehung zu heiraten (Roe). Catherine Payton Phillips beispielsweise wartete 23 Jahre, bis sie sich sicher war, den richtigen Partner gefunden zu haben (Dandelion 25). Auch William Penn rät seinen Kindern im oben analysierten Brief, einmal aus Liebe und nicht aus wirtschaftlichen Interessen zu heiraten; zudem sollten sie sich sicher sein, dass auch umgekehrt ihr Partner sie liebe:

> If you incline to Marry, then marry your Inclination rather than your Interest: I mean what you Love, rather than what is Rich. But Love for Virtue, Temper, Education, and Person, before Wealth or Quality, and be sure you are belov'd again. (*Collection* 900)

Bezüglich der Rechte von Sklaven änderte sich die Meinung der Quäker im Laufe der Zeit. Am Anfang des 18. Jahrhunderts war das Halten von Sklaven auch bei den Quäkern nichts Ungewöhnliches, und es hatte sich noch kein diesbezügliches Unrechtsbewusstsein bei ihnen entwickelt. Ein Pionier im Kampf gegen die Sklaverei war hierbei John Woolman. Wie bei den Quäkern üblich unternahm auch Woolman oft Reisen, um nicht nur in seiner Heimatgemeinde, sondern auch an anderen Orten zu predigen. So wanderte er durch Neuengland, Virginia, Maryland und Carolina. Auf seinen Reisen brachte er vor den örtlichen Quäkerversammlungen, aber auch in Privatfamilien, immer wieder seine Botschaft vor, die Sklaven freizulassen und überdies für ihr künftiges Wohlergehen vorzusorgen (Steere, *John Woolman* 95).

In der ersten Episode seines *Journals*, in der Woolman das Thema der Sklaverei anspricht, berichtet er davon, dass sein Arbeitgeber, der eine schwarze Sklavin besessen und diese verkauft habe, ihn gebeten habe, einen diesbezüglichen Kaufvertrag aufzusetzen. Und obwohl er sich dabei nicht wohl gefühlt habe, habe er zugestimmt, einerseits, weil sein Dienstherr es von ihm verlangt habe, und andererseits, weil der Käufer ein älterer Mann aus seiner Quäkergemeinde gewesen sei. Er habe sich danach jedoch trotzdem an seinen Arbeitgeber und den Käufer gewandt und diese darauf aufmerksam gemacht, dass er die Sklaverei mit dem christlichen Glauben für unvereinbar hielte: „[...] I was so afflicted in my mind that I said before my master and the Friend that I believed slavekeeping to be a practice inconsistent with the Christian religion" (104). Auf seinen Reisen durch Amerika stellte er bald fest, dass es für ihn viel schlimmer war, von Menschen eingeladen zu werden, die ihre Sklaven schlecht behandelten, als von jenen, die sie gut behandelten. Wenn Woolman in einem Haus zu Gast war, in welchem die Sklaven ausgenutzt wurden, so sprach er deren Herren oftmals darauf an (107-108). Darüber hinaus war Woolman der Überzeugung, dass die Sklaverei nur das Schlechteste im Menschen hervorbringe, und dass viele Laster der Sklavenbesitzer auf den Umstand zurückzuführen seien, dass sie auf Kosten der Schwarzen lebten: „And I saw in these southern provinces so many vices and corruptions increased by this trade and this way of life that it appeared to me as a dark gloominess hanging over the land [...]" (108).

Woolman begann seine Reisen im Jahr 1746. Als er 1772 starb, hatten seine Mühen dafür gesorgt, dass die amerikanischen Quäker sich ihrer Verantwortung gegenüber den afrikanischen Sklaven bewusst geworden waren und diese durchweg freigelassen hatten (Steere, *John Woolman* 95).

Doch nicht nur bezüglich der Behandlung von Sklaven, sondern auch der der Indigenen waren die Quäker Pioniere. William Penn wollte die Prinzipien der Quäker hinsichtlich Frieden und fairer Behandlung aller Menschen auch auf die eingeborenen Völker Pennsylvanias anwenden, und bemühte sich, die dort ansässigen Indigenen gerecht und mit Respekt zu behandeln. Entsprechend war Pennsylvania im Gegensatz zu fast jeder anderen Kolonie in den siebzig Jahren nach ihrer Gründung in keinerlei kriegerische Auseinandersetzungen verwickelt (Hamm 28).

Im folgenden Brief, welchen Penn im Jahr 1681 an die Ureinwohner seines Siedlungsgebiets schrieb, fällt dem aufmerksamen Leser sofort der freundschaftliche Ton ins Auge, mit dem Penn den Indigenen – ganz im Gegensatz zu den meisten anderen Weißen seiner Zeit – begegnet. Zunächst einmal spricht er diese mit dem quäkertypischen Gruß *My Friends* an. Daraufhin erklärt er ihnen, dass er von seinem König Land in ihrem Teil der Welt verliehen bekommen habe, betont jedoch, dass er dort nicht ohne das Einverständnis der Indigenen leben wolle, und verleiht seinem Wunsch auf ein freundliches nachbarschaftliches Verhältnis Ausdruck. Dies begründet er damit, dass Gott wolle, dass alle Menschen in Frieden zusammenlebten (*Collection* 121). Daraufhin gesteht Penn ein, dass er sich des Umstandes bewusst sei, dass die meisten anderen Weißen in Amerika die Indigenen sehr ungerecht behandelt und ausgebeutet hätten. Er beharrt jedoch darauf, dass dies gegen den Willen Gottes gewesen sei:

> Now I would have you well observe, that I am very sensible of the Unkindness and Injustice that hath been too much exercised towards you [...] sometimes to the shedding of Blood, which hath made the *Great God* angry. (121-122)

Nach weiteren Zusicherungen seiner friedlichen Absichten beschließt er den Brief mit den Worten „I am your Loving Friend W. Penn" (122), womit er seine freundliche Anrede vom Anfang des Briefes noch einmal wiederholt.

Ich denke, dieses Kapitel hat gezeigt, wie sehr sich die zentralen Überzeugungen der Quäker bezüglich Nächstenliebe, Friedfertigkeit und Gleichheit aller Menschen bis ins letzte Detail ihres Alltags auswirkten.

3.3 Vergleich

Wenn beim Vergleich der Geschichte von Puritanern und Quäkern auf den ersten Blick zunächst die Parallelen zwischen beiden Religionsgruppen ins Auge springen, so fallen beim Vergleich ihrer religiösen und gesellschaftlichen Ansichten vor allem die Unterschiede zwischen ihnen auf, wenngleich auch hier wieder zumindest ein paar wenige Gemeinsamkeiten festzustellen sind.

Zunächst einmal hatten sowohl Puritaner als auch Quäker die Tendenz, sich als von Gott auserwählt zu betrachten, wobei dieser Aspekt bei den Puritanern eine viel wichtigere Rolle spielte und in ihrer Rhetorik viel stärker ausgeprägt war als bei den Quäkern. Die Puritaner kamen in ihren Schriften ein ums andere Mal darauf zurück, dass sie Gottes auserwähltes Volk und somit die Nachfolger des Volkes Israel aus der Bibel seien. Doch auch George Fox betonte häufig, dass er von Gott gesandt worden sei, und er schien sich als eine Art Prophet zu betrachten, ja teilweise sogar zu implizieren, dass er selbst Gottes Sohn sei. Manchmal bezeichnete er seine Bewegung sogar als *God's people*, und auch Rufus M. Jones sah seine Glaubensbrüder als auserwähltes Volk und einzelne Individuen als Propheten an. Während für die Puritaner jedoch daraus folgte, dass sie als auserwähltes Volk auch besondere Verpflichtungen hätten und für jede kleine Übertretung hart bestraft werden würden, spielte dieser Aspekt bei den Quäkern keine Rolle.

Ein großer Unterschied bestand bezüglich ihrer Überzeugungen, wer gerettet werden würde und wer nicht. Die Puritaner glaubten fest an die Prädestinationslehre, also daran, dass nur sehr wenige Menschen in den Himmel kommen könnten; welche dies seien, sei von Gott bereits vor ihrer Geburt vorherbestimmt worden. Um zu wissen, ob man zu jenen Auserwählten gehöre, müsse man ein Bekehrungserlebnis gehabt haben. Die Quäker hingegen glaubten, dass man nur auf sein inneres Licht hören müsse, um gerettet zu werden; in jedem Menschen schlummere ein Funke Göttlichkeit, mithilfe dessen man seine Sünden überwinden, ja sogar einen Zustand vollkommener Perfektion erreichen könne. Die Ansichten der beiden Gruppierungen zu diesem Thema waren also vollkommen entgegengesetzt: Während die Puritaner glaubten, dass Gott die Errettung oder Verdammung eines Menschen schon *vor* dessen Geburt bestimmt habe, glaubten die Quäker, dass Errettung davon abhinge, ob man *während seines Lebens* auf sein innere Licht höre. Interessant ist jedoch, dass George Fox und die frühen Quäker – ähnlich wie die Puritaner – von einer Art Bekehrungserlebnis oder Verwandlungserfahrung berichteten.

Auch in Bezug auf die Bedeutung der Bibel hatten beide Religionsgruppen gänzlich konträre Ansichten. Für die Puritaner war die Bibel von zentraler Bedeutung, da sie als Gottes direkte Offenbarung an die Menschen angesehen wurde. Daher studierten sie die Schriften genau, um daraus Schlüsse für ihr Leben zu ziehen. Für die Quäker hingegen war die Bibel gegenüber dem inneren Licht zweitrangig. Zwar lasen auch sie in der Bibel, doch waren sie der Überzeugung, dass Gott sich nicht nur vor langer Zeit den Autoren der Bibel offenbart habe, sondern auch weiterhin zu den Menschen spreche, weshalb man in erster Linie auf die Stimme Gottes in seinem Herzen hören und erst in zweiter Linie in der Bibel lesen solle.

Auch das Gottesbild beider Gruppierungen war relativ unterschiedlich. Die Puritaner predigten zwar oft von Gottes Liebe und wiesen ihm sogar mütterliche Attribute zu, jedoch wurde auch oftmals vom Zorn Gottes und seiner Bestrafung der Sünder gepredigt, wobei auch vor expliziten Beschreibungen von Höllenqualen nicht zurückgeschreckt wurde. Die Quäker hingegen betonten fast ausnahmslos die Liebe und Güte Gottes und schienen ihn teilweise fast sogar als eine Art Freund zu sehen, welcher ständig mit ihnen kommunizierte. Auch war die Theologie der Puritaner größtenteils auf das Leben nach dem Tod ausgerichtet, während die These der frühen Quäker, dass sich Gottes Reich schon in dieser Welt entfalte, dazu führte, dass sie dem Jenseits kaum Beachtung schenkten.

Ein weiterer Unterschied war die Bedeutung, welche die Puritaner dem Teufel innerhalb ihrer Religion beimaßen, ein Umstand, der sich besonders deutlich während der verhängnisvollen Hexenprozesse von Salem zeigte. Bei den Quäkern hingegen spielte der Glaube an den Teufel eher keine Rolle.

Überdies war für die Puritaner die ordnungsgemäße Einhaltung des Sabbats von zentraler Bedeutung; auf diesen Aspekt kamen sie in ihren Predigten ein ums andere Mal zurück, während in den mir vorliegenden Schriften der Quäker dieses Thema nie erwähnt wurde.

Ein weiterer großer Unterschied bestand in der Art und Weise, in welcher beide Gruppierungen ihre Gottesdienste gestalteten. Die Puritaner feierten Gottesdienste im klassischen Sinne, das heißt, mit einem Pastor, der eine Predigt hielt (das vorangegangene Kapitel enthielt einige Beispiele solcher Predigten). Bei den Gottesdiensten der Quäker, welche sie selbst nicht einmal als solche bezeichneten, sondern sie schlicht *Meetings for Worship* nannten, versammelten sich die Teilnehmenden und warteten solange in Stille, bis sich jemand dazu berufen fühlte, etwas zu sagen. Daher ist in den mir von den Quäkern vorliegenden Quellen auch keine einzige Predigt enthalten, sondern ausschließlich Tagebücher, Briefe etc.

Bei den moralischen Werten hingegen gab es ein paar auffällige Parallelen: Sowohl Puritaner als auch Quäker sprachen sich dafür aus, ein möglichst einfaches Leben zu führen, und waren gegen übermäßigen Alkoholkonsum, Theaterbesuche und Aufenthalte in Wirtshäusern.

Eine weitere interessante Parallele ist der Umstand, dass beide Gruppierungen zu einer Zeit, in der die Länder Europas großflächig von absoluten Herrschern regiert wurden, bereits demokratische Ideen ausbildeten. Die Puritaner waren davon überzeugt, dass man keinem Menschen zu viel Macht zugestehen dürfe, da die Versuchung des Machtmissbrauchs zu groß sei. Auch glaubten sie, dass die Macht grundsätzlich vom Volke ausgehe; wenn ein Herrscher jedoch einmal gewählt worden sei, so sei er von Gott selbst legitimiert worden. Dies bedeute jedoch trotzdem nicht, dass er willkürlich herrschen dürfe, sondern dass er sich im Gegenteil um das Wohlergehen seines Volkes kümmern müsse. Die Quäker führten diese demokratischen Grundgedanken sogar noch eine Stufe weiter. Für sie waren alle Menschen gleich, egal ob männlich oder weiblich, jung oder alt, reich oder arm, da alle ihrer Überzeugung nach über dasselbe innere Licht verfügten. Daher weigerten sie sich, Respektsbezeugungen jeglicher Art zu praktizieren, Höhergestellte mit *Ihr* (*you*) oder Titeln wie *Lord* oder *Lady* anzusprechen oder den Hut vor ihnen zu ziehen. Manche Quäker wie John Woolman weiteten diese Überzeugung sogar auf Tiere aus; so betonte Woolman, dass man auch vor Tieren Respekt haben müsse, da auch sie Gottes Geschöpfe seien. Und waren die Quäker anfangs noch der Meinung, dass alle Menschen sich ihrer Bewegung anschließen sollten, so bildeten sie doch bald eine erstaunliche Toleranz gegenüber allen anderen Religionen aus; William Penn sicherte der Bevölkerung in seiner Kolonie sogar vollkommene Religionsfreiheit zu. Und wenn man sich die Aussagen des Puritaners Samuel Willard vor Augen hält, welcher sich bereits Ende des 17. Jahrhunderts für freie Religionsausübung aussprach, so sieht man, dass diesbezügliche Tendenzen auch bereits bei den Puritanern vorhanden waren, auch wenn sie nicht unmittelbar in die Tat umgesetzt wurden (man denke nur an die Verfolgung der Quäker in Massachusetts).

Bezüglich der Rolle der Frau waren die Quäker deutlich emanzipierter als die Puritaner. Sie waren der Ansicht, dass alle Menschen aufgrund ihres inneren Lichts gleichwertig seien. Daher hatten auch Frauen das Recht, zu predigen, was bei den Puritanern nicht der Fall war. Quäkerfrauen reisten oftmals als Predigerinnen durch das Land oder besuchten sogar andere Länder, um dort von ihrem Glauben zu berichten. Die Puritaner hingegen waren der Meinung, dass der Mann über der Frau stehe; man muss jedoch einräumen, dass auch die Puritaner bereits einen Schritt in Richtung von mehr Emanzipation gegangen waren; für sie war es ein Verbrechen, gegenüber Frauen gewalttätig zu sein, und es war ihnen sehr wichtig, dass ein Mann seiner Frau Respekt entgegenbrachte und ihr seine Liebe zeigte; überhaupt war ihnen der Aspekt der Liebesbeziehung in einer Ehe auffällig wichtig, wenn man bedenkt, dass zur damaligen Zeit für gewöhnlich eher wirtschaftliche Zweckgemeinschaften an der Tagesordnung standen. Einer der radikalsten Befürworter der Liebesheirat war der Puritaner John Milton; er ging sogar so weit, dass er, falls die Komponenten der Liebe und Harmonie in einer Ehe nicht gegeben sein sollten, für die Scheidung plädierte. Auch für die Quäker war die Liebe ein wichtiger Aspekt einer Ehe. So riet William Penn seinen Kindern, dass sie einmal aus Liebe und nicht aus wirtschaftlichen Interessen heiraten sollten.

Während für die Puritaner Bildung von großer Bedeutung war – vor allem, da es für sie wichtig war, die Bibel lesen, Sonntagspredigten rational begreifen und Tagebücher schreiben zu können – und sie ebenso ein ausgeprägtes Interesse an den Naturwissenschaften hatten, war für die Quäker Bildung zwar auch nicht völlig unwichtig, jedoch von geringerer Bedeutung als für die Puritaner; ich vermute, dass dies darauf zurückzuführen ist, dass die Quäker eher eine spirituelle als eine rationale Gottesbeziehung hatten und dem Lesen der Bibel weitaus weniger Bedeutung beimaßen als die Puritaner. Denn wenn es auf das innere Licht ankam, so konnte jeder predigen, auch Menschen, welche nicht zum Lesen der Bibel imstande waren.

Ein weiterer Aspekt, der bei den Quäkern von zentraler Bedeutung war, war die Betonung auf Friedfertigkeit. Quäker waren im Allgemeinen gegen die Ausübung jeglicher Gewalt. So waren sie gegen das Führen von Kriegen und predigten den Verzicht auf Rache. Diese Überzeugung teilten die Puritaner nicht; man denke nur an den *King Philip's War*, an welchem sie beteiligt waren.

Ein großer Unterschied bestand in der Haltung gegenüber den amerikanischen Ureinwohnern. Während die Puritaner diese als ein fremdes, unzivilisiertes Volk betrachteten, vor allem nach dem *King Philip's War*, bemühten sich die Quäker um ein freundschaftliches

Verhältnis zu den Indigenen (man denke nur an William Penn, der diese in seinem Brief mit *My Friends* ansprach). Auch entwickelten die Quäker im Laufe der Zeit eine starke Abneigung gegen die Sklaverei; zwar hatten auch sie in der Anfangszeit noch Sklaven besessen, doch vor allem nach den Anstrengungen von John Woolman manifestierte sich bei ihnen die Überzeugung, dass der Besitz von Sklaven gegen den Willen Gottes sei. Die Puritaner hingegen hatten bezüglich der Sklavenhaltung keine Gewissensbisse.

Eine charakteristische Eigenschaft der Quäker war überdies ihre Weigerung, Eide zu schwören und den Zehnten an die Kirche zu zahlen, eine Eigenheit, welche die Puritaner nicht aufwiesen. Darüber hinaus waren für die Quäker die Werte der Nächstenliebe, Hilfsbereitschaft und Opferbereitschaft von zentraler Bedeutung und für die Puritaner harte Arbeit und Fleiß.

Insgesamt lässt sich zu diesem Kapitel sagen, dass beim Untersuchen von Schriften der Puritaner und Quäker die Unterschiede zwischen beiden deutlicher hervortreten als bei der reinen Beschäftigung mit ihrer Geschichte.

4 Puritaner und Quäker heute

4.1 Puritaner

Wenn man sich die heutige US-amerikanische Religionslandschaft ansieht, so fragt man sich vielleicht: Wieso gibt es heutzutage keine puritanischen Gemeinden mehr? Was ist mit ihnen geschehen? Interessanterweise gibt es wirklich schon seit langer Zeit keine Gemeinden mehr, die sich als puritanisch bezeichnen (Dent, *The Halfway Covenant*). Doch wie kam es dazu? Auf diese Frage möchte ich im Folgenden eingehen.

Als immer mehr Puritaner nach Amerika auswanderten, sahen sich die bestehenden Gemeinden mit tausenden von Menschen konfrontiert, die die Kirchenmitgliedschaft beantragen wollten. Daher wurde um 1640 eine Methode entwickelt, um festzustellen, wer wirklich bekehrt war und wer dies nur vorgab. Cotton Mather war einer der wichtigsten Befürworter dieser Methode, bei welcher der Kandidat solange befragt wurde, bis man sich sicher sein konnte, dass er wirklich einen *rettenden Glauben* besaß. Wer nur über einen *historischen Glauben* verfügte, das heißt, sich mit der Bibel sowie mit den grundlegenden Erfordernissen des Christseins auskannte, jedoch nicht zu den *Auserwählten* gezählt wurde, konnte zwar getauft und ein nominelles Mitglied der Kirche werden, jedoch kein vollwertiges Mitglied (Dent, *The Halfway Covenant*).

Die Puritaner in Neuengland hatten große Sorge, dass ohne ausreichende Prüfung Hochstapler in ihre Gemeinde der Auserwählten gelangen könnten. Noch größere Sorge bereitete ihnen jedoch die Generation der Kinder und Enkel. Obwohl der *rettende Glaube* als nicht erblich angesehen wurde, das heißt, nicht automatisch auf die Kinder der *Auserwählten* überging, praktizierten die Puritaner dennoch die Kindertaufe. Nun stellte sich ihnen jedoch die Frage, wie man mit den erwachsenen Kindern von bekehrten Kirchenmitgliedern umgehen sollte, die zwar zur Gemeinde, jedoch nicht zu den *Auserwählten* gehörten. Im Laufe der Jahre, als diese Kinder ihre eigenen Familien gründeten, wurde das Problem für die puritanischen Gemeinden langsam zur Krise, da man sich nicht sicher war, ob man die Enkel der ersten Generation taufen sollte oder nicht. Somit begann ein Jahrzehnte währender Disput in den puritanischen Kirchen von Massachusetts und Connecticut darüber, welche Mitglieder getauft werden dürften und welche nicht (Dent, *The Halfway Covenant*).

Der Begriff *Half-Way-Covenant* ist ein spöttischer Name, welcher der Lösung dieses Konfliktes von dessen Gegnern verliehen wurde. Historiker haben den *Half-Way-Covenant* teilweise als den frühesten Bruch in der separatistischen Haltung der Puritaner, welcher letztendlich zum Ende des Puritanismus als Sekte führen sollte, eingestuft (Dent, *The Halfway Covenant*). Jener Lösungsweg bestand darin, dass die nicht bekehrten Kinder als Gemeindemitglieder betrachtet, jedoch vom Abendmahl ausgeschlossen wurden. Es gab jedoch auch Gemeinden, die sich strikt weigerten, den *Half-Way-Covenant* zu praktizieren und weiterhin darauf beharrten, dass man *auserwählt* sein müsse, um zur Gemeinde zu gehören. Einige Kirchen jedoch dehnten den *Half-Way-Covenant* noch weiter aus, um auch die Enkelgeneration in diesen mit einzubeziehen und taufen zu lassen. Es gab aber auch Pastoren und Laien, die diesen halbherzigen Weg als heuchlerisch ansahen; daher gab es mindestens eine Kirche, welche einfach alle Mitglieder sowohl zur Taufe als auch zum Abendmahl zuließ (abgesehen von jenen Gemeindegliedern, die als notorische Sünder betrachtet wurden). Schließlich berief der *Massachusetts General Court* eine Synode puritanischer Pastoren ein, um sich mit dieser Frage auseinanderzusetzen. Ein Ergebnis der Synode war die sogenannte *Cambridge Platform* im Jahr 1648, welche sich jedoch unglücklicherweise nur wenig mit dem eigentlichen Thema auseinandersetzte. Tatsächlich wurden alle Regelungen bezüglich der Kindertaufe auf der Basis des *Half-Way-Covenants*, welche von der Synode diskutiert worden waren, aus der endgültigen Fassung des aufgesetzten Dokuments gestrichen. Doch obwohl die *Cambridge Platform* keine eindeutige Stellung zum *Half-Way-Covenant* bezog, ermöglichte sie ironischerweise dennoch den einzelnen Gemeinden, diesen einzuführen oder auszuweiten, da sie zwar zu einer Reihe von Punkten des kirchlichen Lebens Stellung bezog, jedoch im Endeffekt sagte, dass der Wille der einzelnen Gemeinden vorrangig sei und direkt nach dem Willen Gottes komme. Da somit offiziell bestätigt worden war, dass jede puritanische Gemeinde ihre Angelegenheiten selbst regeln durfte, wurde der Einführung neuer Ideen und Praktiken in die bis dahin abgeschottete puritanische Welt Tür und Tor geöffnet. Dies geschah jedoch natürlich nicht ausschließlich wegen der *Cambridge Platform*. Schon zuvor waren Strömungen entstanden, die neue Ideen eingebracht hatten; der Unterschied war jedoch, dass man nun ein offizielles Dokument hatte, auf das man sich stützen konnte. Zur Zeit des *Great Awakening*[9] waren daher schon die Grundlagen für Veränderungen geschaffen worden, und viele Gemeinden wandten sich den Erweckungsbewegungen[10], dem Methodismus[11] oder liberalen Bewegungen wie dem Unitarismus[12] zu. Nach und nach sollte es zu weiteren Schritten in Richtung der Auflösung des traditionellen Puritanismus kommen. So gab es einen dramatischen Übergang von der Autorität der Geistlichen zur aufsteigenden Klasse der reichen Kaufleute. Als der *Half-Way-Covenant* und andere Änderungen in der Kirchenpolitik eingeführt wurden, wurde der Kreis der *Auserwählten* von einer immer größer werdenden Gruppe von *nicht auserwählten* Gemeindegliedern umschlossen. Und während der innere Kreis der Kirche sich immer mehr auf spirituelle Fragen konzentrierte, beschäftigten sich die Kaufleute zunehmend mit materiellen Belangen. Ein Indikator für die zunehmende Macht der Kaufleute war die

---

[9] Das *Great Awakening* war eine spirituelle Erneuerungsbewegung in den amerikanischen Kolonien, und vor allem in Neuengland, während der ersten Hälfte des 18. Jahrhunderts. Die Bewegung erlaubte es den Menschen, ihre religiösen Gefühle offener zu zeigen, weshalb Gebete, Predigten etc. mit mehr Leidenschaft und Emotionen versetzt waren als dies früher der Fall gewesen war („What was the Great Awakening?").

[10] Erweckungsbewegung: „innerprotestantische Bewegung zur Wiedererweckung des religiösen Lebens" („Die Erweckungsbewegung").

[11] Methodismus: Kirche, die auf eine in England im 18. Jahrhundert entstandene Bewegung zurückgeht; diese glaubte daran, dass die Gnade Gottes allen Menschen gelte und war somit gegen die calvinistische Prädestinationslehre („Methodistische Kirchen").

[12] Der Unitarismus ist eine Religion, welche sich allen anderen Religionen gegenüber durch äußerste Toleranz auszeichnet; Unitarier lehnen es strikt ab, zu missionieren oder ihre Lehren als alleinseligmachend darzustellen, da für sie alle Religionen gleichberechtigt sind (*Unitarier.de*; *Unitarische Kirche in Berlin*).

Brattle Street Church in Boston. Diese wurde mithilfe von Spenden reicher Händler erbaut und aufrechterhalten, wodurch die Kirche zur exklusivsten der Stadt wurde. Die reichen Mitglieder der Gemeinde bekamen so viel Macht, dass sie sogar Pastoren einberufen und deren Gehälter bezahlen konnten. Die finanzielle Macht dieser Gemeindeglieder begann sich auch auf die Kirchenlehre auszuweiten, welche zusehends liberaler wurde, um den veränderten Geschmack ihrer reichen Mitglieder widerzuspiegeln. Die *Brattle Street Church* war vermutlich die erste Kirche in Boston, welche die calvinistische Prädestinationslehre zurückwies. Prediger wählten diese Kirche eher weniger für Moralpredigten aus, da die reichen Bostoner nicht bereit waren, sich dafür, dass sie die Kirche finanzierten, für ihren Lebenswandel ermahnen zu lassen. Doch obwohl die *Brattle Street Church* vermutlich den neuen Kurs losgetreten hatte, war sie nicht die einzige, die sich einem liberaleren Kurs verschrieb; im Gegenteil, sie zog im Laufe der Zeit weitere Gemeinden nach (Dent, *The Halfway Covenant II*).

Der Prozess ist also folgendermaßen zu erklären: Die Kinder und Enkel der ersten Puritanergeneration hatten zunehmend keine vollwertige Kirchenmitgliedschaft mehr, sondern nur noch eine halbe (mittels des *Half-Way-Covenants*) mit nur einem Teil der Rechte. Dies führte zu einer Distanzierung mit dem Glauben ihrer Eltern. Der Reichtum, den sie sich selbst erarbeitet hatten, brachte ihnen zwar nicht die volle Mitgliedschaft in den Gemeinden ihrer Eltern ein, gewährte ihnen jedoch Zugang zu besserer Bildung und größerer Macht, wodurch der Glaube und die Kirche ihrer Eltern mehr oder weniger überflüssig wurden (Dent, *The Halfway Covenant II*).

Auch machten sowohl England als auch Amerika einen generellen Bewusstseinswandel durch, in dessen Verlauf sich das puritanische Feuer schon bald merklich abkühlte. Säkulare Angelegenheiten wie die nationale Expansion, persönlicher Erfolg und wirtschaftliche Belange wurden den Menschen wichtiger als religiöse Fragen. In beiden Ländern hielten die Werte der Vernunft und der Toleranz Einzug (Adair 262).

Insgesamt lässt sich also sagen, dass es sich bei dem oben Beschriebenen nicht um eine offene Revolution, sondern um eine allmähliche Entwicklung handelte. Schritt für Schritt nahm die Bedeutung der Kirche in die Gemeinschaft betreffenden Angelegenheiten ab. Der Puritanismus starb jedoch nicht völlig aus, sondern verlief sich in vielen verschiedenen religiösen Strömungen, die alle von unterschiedlichen Aspekten des Puritanismus beeinflusst wurden. So führen zum Beispiel die *United Church of Christ*[13] und die *Unitarian Universalist Association*[14] die *Cambridge Platform* als ein historisches Gründungsdokument an (Dent, *The Halfway Covenant II*). Auch werden in den anglikanischen, episkopalen[15], methodistischen,

---

[13] United Church of Christ: protestantische Glaubensgemeinschaft in den Vereinigten Staaten („United Church of Christ").

[14] Siehe Unitarismus.

[15] Episkopale Kirche: autonomer Zweig der anglikanischen Kirchengemeinschaft in den USA und Schottland („Episcopal Church").

presbyterianischen[16] und baptistischen[17] Kirchen noch immer die Lobgesänge der Puritaner gesungen (Adair 284). Der Puritanismus war zu tief im Bewusstsein der Menschen Neuenglands verankert, als dass er gänzlich hätte verschwinden können (247).

4.2 Quäker

Im Gegensatz zu den Puritanern gibt es die Quäker auch heute noch, obgleich sie eine relativ kleine Gemeinschaft darstellen: Heutzutage haben sie in den USA lediglich 100.000 Mitglieder (Hamm 12).

Um 1800 herum waren die amerikanischen Quäker noch eine vereinte Gruppierung, die durch ein gemeinsames Erbe und gemeinsame Regeln und Werte miteinander verbunden war. Um 1900 herum sah die Welt der Quäker jedoch völlig anders aus. Die amerikanischen Quäker waren nun in drei Hauptströmungen gespalten: *Hicksites*, *Gurneyites* und *Wilburites*. Jeder dieser Zweige hielt sich selbst für den „wahren" Quäkerzweig und zweifelte die Legitimität der beiden anderen an (Hamm 37-38).

Die erste Spaltung erfolgte, als Anfang des 19. Jahrhunderts der Prediger Elias Hicks behauptete, dass Jesus nicht als Gottes Sohn geboren, sondern erst zu Gottes Sohn geworden sei, da er der einzige Mensch gewesen sei, der seinem inneren Licht vollkommen gehorcht habe. Auch war Hicks der Meinung, dass die Bibel zwar ein wichtiges Dokument sei, jedoch auf keinen Fall die einzige Basis für den christlichen Glauben darstellen dürfe. Viele hielten diese Aussagen für mit dem traditionellen Quäkertum problemlos vereinbar; andere jedoch waren entsetzt. Hicks Gegner wurden schließlich unter dem Namen *orthodoxe Quäker (Orthodox Friends)* bekannt. Die Orthodoxen hatten dabei ein Gottesbild, welches dem protestantischer Kirchen äußerst ähnlich war. Im Jahr 1827 schließlich beschlossen die *Hicksites*, also die Anhänger von Elias Hicks, die Jahresversammlung[18] in Philadelphia zu verlassen und ihre eigene Versammlung zu etablieren. Am Ende des Trennungsprozesses waren ca. 60 Prozent der amerikanischen Quäker Orthodoxe und 40 Prozent Hicksites (Hamm 39-43).

In den 1880ern schafften es die Hicksite-Quäker, einen Konsens bezüglich ihres Glaubens zu erzielen. Sie beschrieben sich selbst als Liberale, was für sie unter anderem bedeutete,

---

[16] „Der Presbyterianismus bezeichnet eine Kirchenverfassung, in der die Gemeinde durch ein Gremium von 'Ältesten' geleitet wird. Die Berufung in dieses Amt, das sowohl Geistliche (→Klerus) als auch Laien ausüben können, erfolgt durch Wahl der Gemeindeglieder. [...] Die Wurzeln des Presbyterianismus gehen auf Johannes Calvin zurück" („Presbyterianismus").

[17] Baptistische Kirchen: evangelikale Kirchen, die anstelle der Kindertaufe die freiwillige Taufe von Gläubigen praktizieren („Baptist Church").

[18] Quäker sind in Monats-, Vierteljahres-, und Jahresversammlungen organisiert. Die Monatsversammlungen treffen eigene Entscheidungen bezüglich religiöser und weltlicher Angelegenheiten. Mehrere unabhängige Monatsversammlungen innerhalb eines bestimmten Gebietes treffen sich einmal jährlich zu einer sogenannten Jahresversammlung. Die Jahresversammlungen wiederum sind in eine Reihe von Vierteljahresversammlungen unterteilt („How Quakers Are Organized").

dass sie anderen Glaubensrichtungen gegenüber tolerant waren und das innere Licht für sie Priorität gegenüber der Bibel hatte (Hamm 46). Die orthodoxen Quäker zeigten sich anfangs zwar geeint, doch 1845 kam es zu einer abermaligen Abspaltung. Joseph John Gurney, ein englischer Quäker, reiste zwischen 1837 und 1840 durch Nordamerika und besuchte fast jede orthodoxe Quäkergemeinde, um dort zu predigen. Gurney war davon überzeugt, dass sich die ersten zwei Quäkergenerationen in bestimmten Punkten geirrt hätten. So glaubte er, dass das innere Licht weniger wichtig sei als das Licht, das von der Bibel ausgehe. Auch war er der Meinung, dass die Quäker mit anderen protestantischen Religionsgemeinschaften zusammenarbeiten sollten. Die meisten orthodoxen Quäker wurden schnell von seinen Meinungen überzeugt. Doch einige kritisierten Gurney auch heftig. Der schärfste Kritiker war John Wilbur; im Jahr 1845 schließlich spalteten sich seine Unterstützer von den übrigen orthodoxen Quäkern ab, sodass diese nun in sogenannte *Gurneyites* und *Wilburites* unterteilt waren (47-49), wobei die *Wilburites* auch als *konservative Quäker (Conservatives)* bezeichnet wurden („4 Branches of Quakerism").

Ein Jahrhundert später waren diese Unterteilungen größtenteils nicht wieder zusammengewachsen. Es gab zwar Versuche, die Strömungen wieder zusammenzubringen; diese waren jedoch nur teilweise erfolgreich (Hamm 38). Heutzutage umfasst der Begriff *Quäker* daher ein sehr weites Spektrum, von Fundamentalisten bis zu Universalisten (viii). Diese weite Zersplitterung ist vor allem auf eine Vielzahl theologischer Streitfragen zurückzuführen. So sind sich die heutigen Quäker nicht einig, ob es sich bei ihnen um eine christliche Konfessionsgemeinschaft oder um eine Gruppierung handelt, die über das Christentum hinausgeht. Für die Mehrzahl aller amerikanischen Quäker ist das Christentum zwar das Zentrum ihrer Lehre; einige sind jedoch der Meinung, dass es sich beim Quäkertum um eine universelle Religion handle, da das innere Licht in jedem Menschen zu finden sei. Diese universalistischen Quäker betonen die Göttlichkeit in jedem Menschen. Die evangelikalen Quäker betonen die Autorität der Bibel, während die liberalen Quäker versuchen, eine Balance zwischen der Bibel und der weitergehenden Offenbarung durch den Heiligen Geist zu finden (155). Auch gestalten die verschiedenen Gruppen ihre Gottesdienste unterschiedlich, wobei es hier zwei grundsätzliche Möglichkeiten gibt: *unprogrammiert* und *programmiert*. Gottesdienste, die als *unprogrammiert* bezeichnet werden, haben keinen vorherbestimmten Programmablauf und niemanden, der zum Hauptredner ernannt oder als solcher angestellt wurde. Diese Art des Gottesdienstes teilt sich wiederum in zwei Strömungen: Die erste ist der Überzeugung, dass immer wieder einzelne Mitglieder ein Talent dafür hätten, im Gottesdienst zu sprechen, und ermutigt diese auch dazu. Diese Prediger sind somit einfache Mitglieder mit einem rhetorischen Talent, keine ausgebildeten Pastoren. Bei der zweiten Strömung dagegen werden keine Prediger bestimmt. Die andere Möglichkeit der Gottesdienstgestaltung wird als *programmiert* bezeichnet. Dies bedeutet, dass die Gemeinden eigene Pastoren haben, ähnlich wie in den meisten protestantischen Kirchen. Ein Unterschied zu diesen ist jedoch, dass die Pfarrer der Quäkergemeinden nicht ordiniert, das heißt, nicht geweiht sind (8).

Zusammengefasst sind die charakteristischen Unterscheidungsmerkmale der verschiedenen Quäkergruppen folgende:
- Die Art des Gottesdienstes: *unprogrammiert* vs. *programmiert* („Branches of Friends Today").
- Der theologische Fokus: die Bibel als Zentrum des Glaubens (orthodoxe Ansicht) vs. das innere Licht als Zentrum des Glaubens (liberale Ansicht) („Branches of Friends Today").
- Evangelismus: Manche Quäkergruppen sind evangelikal, das heißt, für sie ist es wichtig, zu missionieren, während dies für nicht-evangelikale Gruppen nicht von Bedeutung ist („Branches of Friends Today").
- Dachverbände: Viele amerikanische Quäker sind Mitglieder von übergeordneten Organisationen; einige Quäker sind in keiner dieser Organisationen Mitglied, manche in einer oder mehreren. Auf diese wird unten jedoch noch genauer eingegangen („Branches of Friends Today").

Generell kann man die heutigen Quäker in vier Hauptströmungen untergliedern:
- Liberale Quäker praktizieren *unprogrammierte* Gottesdienste. Sie betonen die Autorität des inneren Lichts und unter ihren Mitglieder gibt es sowohl solche, die sich selbst als Christen bezeichnen, als auch solche, die sich nicht explizit als Christen sehen. Sie engagieren sich oft in sozialen Projekten, jedoch nicht in der Mission. Viele liberale Gruppen sind Mitglieder der *Friends General Conference (FGC)* (siehe unten); manche sind sowohl Mitglieder der *FGC* als auch des *Friends United Meeting (FUM)* (siehe unten); manche sind auch unabhängig („Branches of Friends Today").
- Konservative Quäker sind in dem Sinne konservativ, als dass sie versuchen, das Quäkertum, wie es Mitte des 19. Jahrhunderts noch ausgeübt wurde, zu bewahren. Sie praktizieren *unprogrammierte* Gottesdienste, und manche Mitglieder tragen weiterhin einfache Kleidung und sprechen sich gegenseitig mit *thou* an. Sie akzeptieren sowohl die Autorität des inneren Lichts als auch die der Bibel („Branches of Friends Today"). Das sogenannte *Wider Fellowship of Conservative Friends* (siehe unten) hält alle zwei Jahre eine Versammlung ab („The Wider Fellowship").
- Pastorale Quäker halten *programmierte* Gottesdienste ab, die oft von Pastoren geleitet werden. Dieser Zweig betont die Autorität der Bibel. Sie engagieren sich sowohl in sozialen Projekten als auch in der Mission. Die meisten pastoralen Gruppen sind Mitglied des *Friends United Meeting* („Branches of Friends Today").
- Evangelikale Quäker sind anderen evangelikalen Christen ähnlich. Sie betonen die Bedeutung der Bibel und praktizieren *programmierte* Gottesdienste. Sie missionieren aktiv und sind meist Mitglieder der *Evangelical Friends Church International* (siehe unten) („Branches of Friends Today").

Im Folgenden möchte ich auf die vier oben angesprochenen Verbände eingehen, in welche die unterschiedlichen Gruppen zusammengefasst sind: *Friends General Conference, Friends United Meeting, Wider Fellowship of Conservative Friends* und *Evangelical Friends*

Church International; diese entsprechen ungefähr den oben besprochenen *Hicksites, Gurneyites, Wilburites/Conservative Friends* und *Evangelical Friends* („4 Branches of Quakerism"):

Friends General Conference (FGC)

Die *Friends General Conference* wurde im Jahr 1900 für Quäker gegründet, welche die Tradition des unprogrammierten Gottesdienstes nicht aufgeben wollten. Die meisten Mitglieder dieser Gruppe sind anderen religiösen Anschauungen gegenüber tolerant, und manche von ihnen sind sogar Universalisten („4 Branches of Quakerism").

Friends United Meeting (FUM)

Diese Organisation wurde im Jahr 1902 unter dem Namen *Five Years Meeting* etabliert und entstand im Zuge der Auswanderung Richtung Westen vieler Quäker gegen Ende des 19. Jahrhunderts. Zu jener Zeit stieg die Mitgliederzahl vieler Gemeinden stark an, weshalb Pastoren eingestellt wurden, um sich der wachsenden Gemeinden anzunehmen. Heutzutage bestehen die Gottesdienste oft aus einer Kombination aus einem programmierten und einem unprogrammierten Teil. Das *Friends United Meeting* ist in sozialen Fragen der *Friends General Conference (FGC)* sehr ähnlich. Der wichtigste Unterschied ist jedoch, dass sich *FUM* im Gegensatz zu *FGC* explizit als christliche Gruppierung betrachtet („4 Branches of Quakerism").

The Wider Fellowship of Conservative Friends

Es handelt sich bei dieser Gruppierung nicht um eine strukturierte übergeordnete Organisation wie bei den anderen Strömungen („Branches of Friends Today"). Sie ist ein Versuch der Jahresversammlung von Ohio, einen Raum zu schaffen, in dem sich konservative Quäker mit Gleichgesinnten treffen können („The Wider Fellowship").

Evanglical Friends International (EFI)

Hierbei handelt es sich um die jüngste der Gruppen. Sie entstand in den 1940ern unter dem Namen *Association of Evangelical Friends* und wurde in den 1960ern als *Evangelical Friends Church International* bekannt. Mitglieder der *Evangelical Friends* missionieren in verschiedenen südamerikanischen, afrikanischen und asiatischen Ländern. Die Bibel hat bei ihnen im Gegensatz zu anderen Quäkergruppen eine zentrale Bedeutung („4 Branches of Quakerism").

4.3 Vergleich

In diesem Kapitel ist der auffälligste Unterschied zwischen Puritanern und Quäkern zutage getreten: Die Quäker gibt es heute noch, wenn auch in geringer Zahl, während es schon lange keine puritanischen Gemeinden mehr gibt. Die Puritaner starben jedoch nicht plötzlich aus, sondern es handelte sich hierbei um einen langsamen Prozess, während dessen die Bedeutung der puritanischen Glaubenslehre immer weiter abnahm. Der Puritanismus verschwand jedoch nicht völlig, sondern verlief sich in anderen Glaubensgemeinschaften und blieb weiterhin im Unterbewusstsein vieler Menschen verankert.

Obwohl die Quäker noch immer existieren, sind sie bezüglich ihrer Lehren nicht mehr so geeint wie am Anfang. Im Laufe der Zeit spalteten sich immer mehr Untergruppen ab, sodass es heutzutage eine Vielzahl verschiedener Strömungen gibt, die sich alle als Quäker bezeichnen, wobei diese von fundamentalistisch bis liberal, von christlich bis universalistisch reichen können.

Man kann also sagen, dass die Quäker tatsächlich noch existieren, während die Puritaner eher in ihrem Erbe fortwirken.

5 Einflüsse beider Gruppierungen auf die US-amerikanische Gesellschaft

5.1 Puritaner

Gemessen an der Zahl der Generationen ist das Zeitalter der Puritaner nicht so weit von uns entfernt. Deshalb überrascht es nicht, dass puritanische Werte und Einstellungen bis heute überlebt haben. Denn die Geschichte der Puritaner hatte, wie wir gesehen haben, kein plötzliches Ende, sondern lief einfach langsam aus, sodass viele der Werte, welche noch immer die Überzeugungen und Haltungen heutiger Amerikaner prägen, dem gemeinsamen puritanischen Erbe Englands und Amerikas entstammen (Adair 264-265).

Die Vorstellung, welche die Geistlichen der ersten puritanischen Siedlungen ihren Gemeinden vermittelten, dass sie Gottes auserwähltes Volk seien, das sich mit einem besonderen Auftrag in die Wildnis einer neuen Welt begeben habe, ist im amerikanischen Denken bis heute verwurzelt, und zwar in den verschiedensten Bereichen wie der Politik, der Wirtschaft und der Religion. Es ist bemerkenswert, in welchem Ausmaß die geistlichen und weltlichen Führer eine detaillierte amerikanisch-christliche Mythologie kreierten, um ihre Rolle als das zweite auserwählte Volk Gottes (nach dem jüdischen Volk im Alten Testament) zu beschreiben (Elliott). An dieser Stelle sei an John Winthrop und seinen berühmten Ausspruch erinnert: „[. . .] for wee must consider that wee shall be as a citty upon a hill, the eies of all people are uppon us [. . .]" (64). Diese Vorstellung bezüglich des erwählten amerikanischen Volkes hat sich von Generation zu Generation, durch den Unabhängigkeitskrieg, den Bürgerkrieg sowie sämtliche andere Krisenzeiten bis in die heutige Zeit hinein gezogen. In vielen politischen und religiösen Reden sind auch heute noch Anklänge daran zu finden (Elliott). So fordert das lateinische Motto auf der Rückseite des amerikanischen Ein-Dollar-Scheins die Amerikaner dazu auf, ihre Nation als den Grundstein der neuen Weltordnung zu sehen, auf welche die Menschen zu Beginn der Neuzeit so innbrünstig gehofft hätten (Adair 279). John Adams[19] erklärte: „Our spirit is greater; our laws are wiser; our religion is superior" (qtd. in Adair 278). Eine der eloquentesten Ansprachen, welche die puritanische Sehnsucht moderner US-Amerikaner widerspiegelt, ist Präsident Ronald Reagans Antrittsrede aus dem Jahr 1980 (279):

> [. . .] Three-hundred and sixty years ago, in 1620, a group of families dared to cross a mighty ocean to build a future for themselves in a new world. When they arrived in Plymouth, Massachusetts, they formed what they called a 'compact': an agreement among themselves to build a community and abide by its laws.
> The single act – the voluntary binding together of free people to live under the law – set the pattern for what was to come.

---

[19] John Adams (1735-1826): zweiter Präsident der Vereinigten Staaten („John Adams").

> [...] Let us pledge to restore, in our time, the American spirit of voluntary service, of cooperation, of private and community initiative; a spirit that flows like a deep and mighty river through the history of our nation.
> [...] Can we doubt that only a divine providence placed this land, this island of freedom, here as a refuge for all those people in the world who yearn to breathe freely? (qtd. in Adair 280)

Wenn man bedenkt, wie amerikanische Präsidenten im Laufe der Jahrhunderte immer wieder an das puritanische Erbe des Landes appelliert haben, so ist es in der Tat nicht übertrieben, die Puritaner als die Paten der amerikanischen Nation zu bezeichnen (Adair 280).

Die menschliche Existenz sahen die Puritaner als einen dramatischen Konflikt zwischen Gut und Böse an, mit Himmel und Hölle als jeweiligem Ziel (Adair 281). Man erinnere sich beispielsweise an die Worte von Cotton Mather: „In many wayes, for many years, hat the Devil been assaying to extirpate the kingdom of our Lord Jesus here" (*The Wonders* 124). Obwohl diese religiöse Sichtweise heutzutage an Bedeutung verloren hat, ist der Kampf zwischen Gut und Böse noch immer der Hintergrund der amerikanischen Außenpolitik. So wurde der Zweite Weltkrieg dezidiert als Kampf zwischen den Mächten des Guten und des Bösen gesehen; auch der Kalte Krieg, die Unterteilung der Welt in einen kommunistischen und einen kapitalistischen Block, wurde in dieser Hinsicht interpretiert. Dies ist sicherlich eine interessante Parallele zur Unterteilung in protestantisch und katholisch zu puritanischer Zeit. Stalin und seine Nachfolger können als säkulare Sukzessoren des Papstes interpretiert werden; der Kreml ersetzte den Vatikan als Quelle alles Bösen; der Kommunismus war die gehasste und gefürchtete Ideologie, die den Katholizismus ersetzte (Adair 281). An dieser Stelle möchte ich auch auf einen Präsidenten jüngerer Zeit hinweisen: George W. Bush bediente sich ebenfalls jener Rhetorik, welche die Welt in Gut und Böse einteilte; die Gegner Amerikas bezeichnete er hierbei als *Axis of Evil* (Bush). Im Folgenden ein kurzer Ausschnitt aus Bushs *State of the Union Address*[20] aus dem Jahr 2002:

> Many nations are acting forcefully. Pakistan is now cracking down on terror. [...]
> North Korea is a regime arming with missiles and weapons of mass destruction, while starving its citizens.
> Iran aggressively pursues these weapons and exports terror, while an unelected few repress the Iranian people's hope for freedom.
> Iraq continues to flaunt its hostility toward America and to support terror. [...]
> States like these, and their terrorist allies, constitute an axis of evil, arming to threaten the peace of the world. (Bush)

Amerikanische Politiker folgen in ihren Ansprachen immer wieder einem ähnlichen Schema: Man müsse sich vor Feinden in Acht nehmen, die die USA zerstören wollten, man

---

[20] Ansprache zur Lage der Nation („State of the Union Address").

müsse die Kluft zwischen den amerikanischen Idealen und der derzeitigen Realität akzeptieren, und man müsse Korruption, Selbstsucht, Gier und andere Sünden überwinden, um die Überlegenheit der eigenen Nation gegenüber den anderen Völkern wiederherzustellen. Mit Gott an ihrer Seite sollten die Menschen weiter am amerikanischen Traum bauen und ihr Schicksal als auserwähltes Volk erfüllen (Elliott).

In gewisser Weise kann man sagen, dass die fundamentalistisch-christliche Bewegung, auch als *Religious Right* bezeichnet, der heutigen US-Amerikaner auf den Puritanismus zurückgeht bzw. mit diesem eine Reihe von Gemeinsamkeiten hat, vor allem die Tendenz, nach traditionellen christlichen Werte zu leben und auch die Gesellschaft danach formen zu wollen, die Überzeugung, in einer von Gott gesegneten Nation zu leben, die Bedeutung von Bekehrungserlebnissen, die Einteilung der Welt in Gut und Böse und die Betonung der Werte der Bibel und des persönlichen Glaubens. So identifiziert Gavin Finley, Mitglied der amerikanischen Rechten, diese dezidiert mit den Puritanern im Allgemeinen und mit den Pilgervätern im Speziellen (Finley). Beispielsweise schreibt er:

> If these people of the Religious Right are the modern expression of Puritanism then their purpose has not changed. It is just the same as it always was. Today's Puritans desire to see their nation continue to flow in the blessings of God. Their energy and their zeal is to see America return to the virtue and 'Christian values' it once knew. (Finley)

Auch auf den Umstand, dass die USA heute ein unabhängiges Land sind, haben die Puritaner eingewirkt. In den zwei Jahren vor der Amerikanischen Revolution spielten die protestantischen Geistlichen eine Schlüsselrolle darin, die Bevölkerung von einem Krieg gegen England zu überzeugen, da die meisten Menschen der Möglichkeit eines Krieges eher zögerlich gegenüberstanden. Verschiedene Geistliche riefen einen traditionellen puritanischen Fastentag aus und predigten unter Zuhilfenahme puritanischer Rhetorik zu den Bürgern, beschworen biblische Bilder herauf und bezeichneten die Briten als Werkzeuge Satans und ihren König als die Hure Babylon, die auf ihrem roten Drachen über Amerika gekommen sei. Nach dem Krieg wurde daher der Erfolg der Revolution zumindest zu einem Teil der Aufwiegelung der Bevölkerung durch die Geistlichen zugeschrieben (Elliott). Dies überrascht nicht, wenn man sich die gängige Rhetorik der Puritaner vor Augen führt. Erinnern wir uns an dieser Stelle nochmals an Cotton Mather: „[. . .] it is not without the wrath of the Almighty God himself, that the Devil is permitted thus to come down upon us in wrath" (*The Wonders* 127). Auch während des Bürgerkrieges im 19. Jahrhundert zogen beide Seiten biblische Bilder heran, um für ihre jeweilige Sache zu werben. Tatsächlich sind jedoch in jedem Krieg, in den die Vereinigten Staaten bisher involviert gewesen sind, Reden über den heiligen Auftrag der USA gehalten worden (Elliott).

Ein weiterer wichtiger Punkt für die Puritaner war die strikte Einhaltung des Sabbats, so wie dies die Juden des Alten Testaments praktiziert hatten. Der Puritaner, der unbewusst noch heute in vielen US-Amerikanern steckt, sieht ebenfalls das Bedürfnis, sich zumindest einen Tag in der Woche auszuruhen (Adair 268). An dieser Stelle möchte ich auf die oben besprochenen Worte Samuel Willards verweisen, welcher seinen Landsleuten vorwarf: „Are not Gods *Sabbaths* wofully neglected?" (*Degenerating* 123).

Wenn man die Geschichte der Vereinigten Staaten reflektiert, so fällt vor allem eines ins Auge: Der Umstand, dass die USA bereits sehr früh demokratische Gedanken entwickelten. So verkündete die Unabhängigkeitserklärung aus dem Jahr 1776 (Kang 150): „We hold these truths to be self-evident, that all men are created equal, that they are endowed by their Creator with certain unalienable Rights, that among these are Life, Liberty and the pursuit of Happiness" („The Declaration of Independence"). Auch wurde bereits sehr früh, nämlich im Jahr 1787, eine demokratische Verfassung verabschiedet (Hebenstreit and Toyka-Seid). Die Regierung wurde hierbei in die drei Säulen Exekutive, Legislative und Judikative unterteilt. Die Puritaner spielten bei diesen Entwicklungen eine Schlüsselrolle (Kang 150). Zwar waren die frühen Puritaner nicht ganz im heutigen Sinne demokratisch; es war jedoch bereits eine eindeutige Tendenz in diese Richtung zu bemerken (Adair 278). Das früheste demokratische Dokument der Puritaner war der unter 2.1 angesprochene *Mayflower Compact* aus dem Jahr 1620. Dieser war der Versuch, eine vorübergehende Regierung zu etablieren, mittels derer sich die Puritaner in Neuengland selbst regieren konnten. In den folgenden Jahren begann das Prinzip der Volkssouveränität auch auf die anderen Kolonien überzugreifen (Kang 150). Überdies genossen die Kirchenmitglieder in Neuengland weit mehr demokratische Freiheiten als ihre Glaubensbrüder in England. Das in Neuengland etablierte System räumte den Mitgliedern einiges an Mitspracherecht ein. Sie konnten ihre eigenen Vertreter wählen, und mittels dieser ihre Richter und Gouverneure. Der Umstand, dass man erst gewählt werden musste, um Macht ausüben zu können, wies bereits früh auf die puritanische Überzeugung hin, dass die Macht eigentlich vom Volke ausgehe (Adair 278). Erinnern wir uns beispielsweise an die Aussage Thomas Hookers zu diesem Thema: „That the choice of public magistrates belongs unto the people by God's own allowance" (31). Auch die Unterteilung in Exekutive und Legislative war bereits von den Puritanern vorgeschlagen worden. So schrieb Samuel Willard: „There are supreme and subordinate powers: and of these also there are some who have a *legislative*, others an *executive* power in their hands [. . .]" (*The Character* 118). Auch das System gegenseitiger Kontrolle, das in die Verfassung der Vereinigten Staaten eingebaut worden ist, reflektiert das Bewusstsein der Puritaner, dass alle Menschen aufgrund ihrer Abstammung von Adam und Eva fehlbar seien, ungeachtet ihres gesellschaftlichen Ranges (Adair 279). Erinnern wir uns hier an die Aussagen von John Cotton: „[. . .] Let all the world learn to give mortall men no greater power then they are content they shall use, for use it they will [. . .]" (*Limitation* 3). Die Puritaner glaubten, dass Gott die Menschen mittels des Mediums der sie wählenden Bürger in Führungspositionen berufe, das heißt, nicht durch einen Erbtitel von Vater zu Sohn. Sobald die Männer jedoch ihre gottberufene Position innehätten, müsse man ihnen die Freiheit geben, so zu handeln, wie sie es für richtig hielten, vorausgesetzt, dass sie die Bürgerrechte der Menschen nicht verletzten. Die amerikanische Verfassung, welche dem Präsidenten weitaus mehr Rechte einräumt als dies zum Beispiel beim britischen Premierminister der Fall ist, ist das Erbe dieser Einstellung (Adair 282-283). Ein Beispiel hierfür ist die Aussage Samuel Willards, dass die Herrschenden ihre Autorität direkt von Gott hätten (*The Character* 120).

Auch auf die amerikanische Arbeitsethik hatten die Puritaner Einfluss. Ihrer Überzeugung zufolge mussten Christen hart arbeiten, da ihre Arbeit das Mittel war, durch das die Liebe Christi ihre Nächsten erreichen konnte (Adair 265). Reichtum erworben zu haben wurde jedoch auch als ein Zeichen gesehen, von Gott gesegnet zu sein (Kizer). Heute sind puritanische Werte wie Sparsamkeit, Fleiß, Genügsamkeit, Pünktlichkeit und Zuverlässigkeit vor allem in der Mittelschicht noch immer von Bedeutung, aber sie dienen nicht mehr religiösen Zwecken, sondern gesellschaftlichen oder materiellen. Sowohl in der Religion als auch in der Wirtschaft werden die oben genannten Eigenschaften positiv bewertet. Nicht dazu in der Lage zu sein, die eigenen Talente zu erkennen und zu nutzen, wird als eine Sünde gegenüber sich selbst und der Gesellschaft empfunden. Dieses Bestreben, anderen mittels der eigenen Fähigkeiten zu dienen, ist das Kennzeichen der puritanischen Einstellung bezüglich der Arbeit. Faulheit und Müßiggang waren inakzeptabel. Der Puritaner, der unbewusst in den heutigen Menschen steckt, will permanent aktiv sein. Diese Überzeugung fasste dereinst Benjamin Franklin sehr treffend in folgendem Satz zusammen (Adair 265-266): „God helps those who help themselves" (qtd. in Adair 266). Dennoch muss man an dieser Stelle vorsichtig sein. Zu oft wurde die amerikanische Tendenz, ohne Rücksicht auf Verluste so viel Profit wie möglich herauszuschlagen, auf die Puritaner zurückgeführt. Dies ist jedoch falsch; ein solches Verhalten hätten die Puritaner als unchristlich und unmoralisch erachtet. In der Tat wurde die puritanische Arbeitsethik zu oft zum Sündenbock für modernes Verhalten gemacht. Für die Puritaner war Gott, nicht Reichtum, das endgültige Ziel allen Handelns. Sie glaubten, dass Gott den Menschen Reichtum schenke, wenn sie fleißig seien; und wenn sie das Geld zur Ehre Gottes und dazu, noch mehr Gutes zu tun, verwendeten, dann würden sie mit noch mehr Reichtum belohnt werden. Um also noch mehr Gutes tun zu können, waren die Menschen dazu verpflichtet, ihren Besitz zu mehren. Daher konnten der Wunsch, reich zu sein, und inniger Glaube miteinander einhergehen. Das heißt, das heutige Bestreben der Amerikaner, auf der sozialen Leiter aufzusteigen und zu Reichtum zu gelangen, ist durchaus auf die Puritaner zurückzuführen, aber nicht die „Ellbogenmentalität", dies ohne Rücksicht auf Verluste zu tun (266-267).

Ein weiterer Faktor, der bis in die heutige Welt hinein wirkt, ist der Umstand, dass das Leben als Puritaner permanente Selbstprüfung erforderte. Heutzutage kann man vielleicht die Tendenz vieler Amerikaner, sich und ihre Absichten ständig zu analysieren, als ein Erbe dieser Einstellung betrachten. Zwar hat der Psychologe den puritanischen Prediger als „Seelenarzt" abgelöst, aber der Prozess ist in etwa derselbe geblieben. Es wäre ein Fehler, dieses Verhalten der Amerikaner lediglich als Selbstbezogenheit abzutun und seine religiösen Ursprünge zu ignorieren (Adair 283-284).

Auch im Bereich der Erziehung hatten die Puritaner großen Einfluss auf die US-amerikanische Gesellschaft. Die in Massachusetts verabschiedeten Gesetze, welche Heimunterricht für alle Kinder und Diener sowie Schulen für jede Stadt, in der mindestens hundert Familien lebten, vorsahen (wobei die Grundschule auch für Mädchen war), legten den Grundstein für die USA als Land der kostenlosen Schulbildung (Miller and Johnson, *Education* 695-696; Bremer 63; 82). Man kann also sagen, dass die Puritaner für das amerikanische Bildungssystem und die bis heute kostenlosen Schulen in den USA Pate standen sowie einen wichtigen Schritt in Richtung Bildung für Mädchen gingen. Man erinnere sich nur an Charles Chauncys Ausführen bezüglich des Werts von Bildung: „This point may serve for Information, To teach us, that Schools of learning are approved and appointed of God, and of great importance for the benefit of Gods people [...]" (705-706). Darüber hinaus wurde bereits im Jahr 1636 von den Puritanern in Massachusetts Bay beschlossen, das Harvard College zu gründen. Keine andere Gruppe von Kolonisten in der englischsprachigen Welt hat so kurz nach ihrer Ankunft in Nordamerika eine höhere Bildungseinrichtung gegründet (Miller and Johnson, *New Englands* 700).

Auch auf die Wissenschaft hatten die Puritaner großen Einfluss. Viele von ihnen interessierten sich sehr für naturwissenschaftliche Forschungen, in welchen sie vor allem zwei Ziele sahen: Zum einen ermöglichten sie es den Menschen, die göttliche Vorsehung in der Natur zu studieren und dadurch ein wachsendes Verständnis von Gott zu bekommen (Adair 274-275); wir erinnern uns hier an die Aussagen Cotton Mathers: „The peculiar Care which the great God of Nature has taken for the Safety of the *Seed* and *Fruit*, and so for the Conservation of the *Plant*, is [...] considered as a loud Invitation to His Praises" (*The Christian Philosopher* 754). Zum anderen aber dienten sie sozialen Zwecken, das heißt, der Verbesserung der Lebensbedingungen mittels wissenschaftlicher Neuerungen. Auch heute ist es das Bestreben der amerikanischen Wissenschaft, das Leben der Bevölkerung mit neuen Erfindungen zu verbessern (Adair 275-278).

Auch wenn dies auf den ersten Blick nicht so scheint, trugen die Puritaner viel zur späteren Emanzipation der Frauen bei. Zwar teilten sie noch immer die traditionellen Ansichtsweisen der Gesellschaft, dass eine Frau ihrem Mann in allen Dingen zu gehorchen habe (Adair 171), und die puritanischen Frauen wandten sich an ihre Männer für Leitung und Führung (252). So schrieb John Cotton in der oben besprochenen Passage: „[...] it is good for the wife to acknowledg all power and authority to the husband, and for the husband to acknowledg honour to the wife [...]" (*Limitation* 4). Wie man jedoch in den obigen Ausführungen gesehen hat, hatten Frauen begonnen, sich in die traditionelle Position der Männer einzumischen, da die von der Renaissance ausgelöste Bewegung, in der Bildung immer wichtiger wurde, auch immer mehr Mädchen einschloss (Adair 171); so war Anne Bradstreet so gebildet, dass sie nicht nur dazu in der Lage war, zu lesen und zu schreiben, sondern sogar Gedichte verfasste (Miller and Johnson, *Anne Bradstreet* 561-562). Auch hatten die Frauen in ihrem Zuhause, welches ihr wichtigster Einflussbereich war, praktisch genauso viel Autorität über Kinder und Diener wie ihr Ehemann. Zudem tolerierten die Puritaner in Amerika im Gegensatz zu ihren Landsleuten in England keine Gewalt gegen Frauen (Adair 254-256).

Die heutige Einstellung der US-Amerikaner bezüglich der Ehe wurde ebenso stark von den Puritanern beeinflusst. Die Puritaner sahen die Ehe als ein tiefgreifendes Bündnis sowohl auf geistiger als auch auf körperlicher Ebene an. Sie suchten in ihrer Ehe nicht nur nach einer Wirtschaftsgemeinschaft, sondern nach einem Seelenverwandten, etwas, nach dem viele Menschen heutzutage ebenfalls streben, unabhängig von ihren religiösen Vorstellungen (Adair 268). Erinnern wir uns hierzu an das in Kapitel 3.1.3 besprochene Gedicht von Anne Bradstreet, in welchem sie in blumigen Worten die Liebe ihres Mannes beschreibt: „[...] IF EVER two were one, then surely we. If ever man were lov'd by wife, then thee [...]" (573).

Zwar ist heutzutage die theologische Sprache, in welcher die Puritaner ihre Liebe ausdrückten, weniger verbreitet, aber noch heute suchen die meisten Menschen eine Partnerschaft, die auf gemeinsamen Werten und Interessen und vor allem gegenseitiger Liebe beruht (Adair 268-269).

Einfluss auf die heutige Sichtweise bezüglich der Scheidung hatte der Puritaner John Milton, obwohl er zu seiner Zeit keine Veränderungen bewirken konnte, ja sogar mit massivem Widerstand konfrontiert wurde. Für Milton waren, wie man oben gesehen hat, Liebe und gegenseitige Achtung in der Ehe wichtiger als die Komponente der Fortpflanzung, und er propagierte deshalb massiv die Möglichkeit, sich scheiden lassen zu können, wenn die Partner sich nicht mehr liebten oder von vornherein nicht zusammenpassten, eine Sichtweise, die uns heute in Fleisch und Blut übergegangen ist (Adair 257-258).

So mächtig sind all diese puritanischen Einflüsse auf die Kultur, dass sie Teil der US-amerikanischen Identität geworden sind. Für viele Menschen in anderen Ländern sind die Amerikaner Puritaner, und trotz des hohen Anteils von Menschen in den USA, deren Vorfahren nicht aus England stammten, haben doch viele der oben beschriebenen puritanischen Werte ein hohes Gewicht für sie; und diese Werte werden an die nächste Generation weitergegeben. Für die puritanischen Gründungsväter war Amerika immer ein Versprechen, das erfüllt werden wollte, ob es das Versprechen auf wirtschaftlichen Erfolg oder religiöse Freiheit war. Und während in der Literatur oftmals das Versagen des amerikanischen Traumes beklagt wird und ein Teil der Bevölkerung diesen zweifelsohne als ein falsches Versprechen ansieht, lehren viele Eltern, interessanterweise oftmals die erst kürzlich in die USA eingewanderten, ihre Kinder, den Glauben an die Möglichkeiten Amerikas nicht zu verlieren, hart zu arbeiten und der Zukunft optimistisch entgegenzusehen, weil für sie der amerikanische Traum in Erfüllung gehen könnte. Und solange diese Überzeugungen weiterbestehen, wird auch der puritanische Geist weiterleben (Elliott).

5.2 Quäker

Obwohl die Quäker nur eine relativ kleine Gruppe sind, haben sie schon immer beträchtliches Interesse seitens der Wissenschaft auf sich gezogen (Hamm vii) und einen ungewöhnlich großen Einfluss auf die amerikanische Gesellschaft ausgeübt. Dies ist jedoch weder auf die Zahl ihrer Anhänger – die, wie man gesehen hat, relativ gering war bzw. noch immer ist – noch auf ihre charakteristischen Überzeugungen und Sitten zurückzuführen. Der Haupteinfluss der Quäker ist vielmehr ihrem humanitären Engagement zuzuschreiben, in welchem sie oft Führungsfiguren waren (33). Bereits vor mehr als dreihundert Jahren schrieb William Penn, dass wahre Frömmigkeit die Menschen nicht von der Welt fernhalten, sondern sie dazu befähigen solle, diese zu verbessern. Die meisten Quäker sind heutzutage noch immer dieser Meinung. Sie sind davon überzeugt, dass es ihre Pflicht sei, ihren Glauben zu leben und damit die Welt zu einem besseren Ort zu machen (157). Man erinnere sich an dieser Stelle an die Worte von Thomas R. Kelly: „Love of God and love of neighbor are not two commandments, but one" (151).

Auf ihre faire Behandlung der Indigenen waren die Quäker schon immer stolz gewesen (Hamm 33). Von Anfang an hatten sich die Quäker in Pennsylvania bemüht, mit ihren indigenen Nachbarn ein freundschaftliches Verhältnis zu wahren (169), ein Umstand, der sich deutlich im oben analysierten Brief von William Penn an die Indigenen seines Siedlungsgebietes manifestiert hat. Einige Quäker aus Philadelphia gründeten zusammen mit zwei anderen religiösen Gruppierungen den Verband *The Friendly Association for Regaining and Preserving Peace with the Indians by Pacific Measures*. Dies war das erste Mal, dass sich Weiße in den Kolonien organisierten, um die Rechte der Eingeborenen zu verteidigen. Der Erfolg der *Friendly Association* war durchwachsen. Sie spielte zwar eine Schlüsselrolle darin, im Jahr 1757 einige der Delaware dazu zu überreden, ihre Feindseligkeiten gegenüber den Engländern aufzugeben, aber die Versuche der Quäker, die Ausbeutung der Delaware durch die Weißen einzudämmen und die Indigenen in Bauern zu verwandeln, scheiterten. Die Quäker behielten jedoch ihr Interesse an den Rechten und Angelegenheiten der Indigenen bei, womit sie im Prinzip allein waren unter den englischen Kolonisten (33). Auch nach der Amerikanischen Revolution ließ dieses Interesse nicht nach. Vom heutigen Standpunkt aus betrachtet waren die diesbezüglichen Leistungen der Quäker jedoch gemischt. Zwar verurteilten sie die amerikanische Politik der Eroberung und Ausrottung der Indigenen, und versuchten, die Regierung dazu zu bringen, sich an die ausgehandelten Verträge zu halten, aber auch sie waren der Meinung, dass die amerikanischen Ureinwohner zum Christentum bekehrt und an die europäische Gesellschaft assimiliert werden sollten. Ein Wendepunkt kam in den 1870er Jahren, als die Regierung eine sogenannte *Peace Policy* einführte; hierbei wurde die „Zivilisierung" der Indigenen verschiedenen religiösen Gruppen anvertraut. Auch viele Quäker beteiligten sich an diesen Bemühungen. Die Organisation, die damals gegründet wurde, um die Arbeit zu überwachen, existiert auch heute noch: *The Associated Committee of Friends on Indian Affairs*. Die Organisation ist größtenteils evangelikal und sieht sich sowohl als missionarische als auch als unterstützende Einrichtung für Indigene. Heute sind die Meinungen der verschiedenen Gruppierungen innerhalb des Quäkertums bezüglich der amerikanischen Ureinwohner gespalten. Liberale Quäker betonen, dass man der Religion der Indigenen Respekt entgegenbringen müsse, während evangelikale Quäker zwar der Meinung sind, dass man die Traditionen und die Kultur der Ureinwohner respektieren müsse, jedoch keineswegs deren „heidnischen Glauben" mit dem Christentum vermischen dürfe (169-170).

Langfristig wichtiger war vermutlich die Entstehung einer Quäkerbewegung gegen die Sklaverei. Die Sklaverei hatte in Nordamerika seit 1619 existiert, und auch einige der frühen Quäker hatten, wie in Kapitel 3.2.3 bereits erwähnt, Sklaven besessen. Einige quäkerische Kaufleute waren sogar aktiv in den Sklavenhandel involviert gewesen. Bis 1750 hatten alle Stimmen, die sich gegen die Sklaverei ausgesprochen hatten, nur einen sehr beschränkten Erfolg gehabt. Nach 1750 jedoch wandte sich die allgemeine Meinung der Quäker dezidiert gegen die Sklaverei. Sie sahen darin nun einen großen Schaden sowohl für die Sklaven als auch für deren Besitzer, da die Sklaverei den Schwarzen die Freiheit nahm, der Führung ihres inneren Lichts zu folgen, während die Sklavenhalter der permanenten Versuchung von Gewalt, Ausbeutung und Faulheit ausgesetzt waren. Einer der Quäker, der diesen Wandel entscheidend mit beeinflusste, war der Prediger John Woolman, auf welchen bereits intensiv eingegangen wurde (Hamm 33-34). Woolman hielt die Sklaverei für absolut inkompatibel mit dem christlichen Glauben. Erinnern wir uns an seine Worte: „[...] I believed slavekeeping to be a practice inconsistent with the Christian religion" (104). Sein Buch *Some Considerations on the Keeping of Negroes* hatte sowohl auf Quäker als auch auf Nicht-Quäker erheblichen Einfluss. Woolman setzte sich dafür ein, dass die Jahresversammlung der Quäker in Philadelphia gegen die Sklaverei Stellung bezog; zu seinen Lebzeiten gelang ihm dies zwar nicht mehr, aber nach seinem Tod sprach sich die Versammlung offiziell gegen die Sklaverei aus. 1784 schließlich hatten alle amerikanischen Jahresversammlungen offiziell beschlossen, dass alle Mitglieder, die Sklaven besaßen, diese entweder freilassen oder die Quäkergemeinden verlassen müssten. Auch nahmen viele Quäker Führungspositionen in Vereinigungen ein, die sich gegen die Sklaverei aussprachen, stellten Anträge bezüglich der Abschaffung der Sklaverei und befreiten freigelassene Afroamerikaner, die entführt und zurück in die Sklaverei gezwungen worden waren. Das Ende der Sklaverei nördlich von Maryland um 1800 war zum großen Teil das Verdienst der Quäker (Hamm 34-35), und als im Jahr 1833 die *American Anti-Slavery Society* gegründet wurde, war ca. ein Drittel aller Anwesenden Quäker (44). Der Einsatz der Quäker im Kampf gegen die Sklaverei zeigte sich auch an ihrer Beteiligung an der sogenannten *Underground Railroad* (Dandelion 29-30). Diese beschrieb ein inoffizielles Netzwerk geheimer Wege und Häuser, welches von flüchtigen Sklaven genutzt wurde, um entweder nach Kanada oder in amerikanische Staaten, in denen die Sklaverei verboten war, zu gelangen („Underground Railroad").

Trotz jener positiven Auswirkungen muss man dennoch einschränkend hinzufügen, dass auch die Quäker nicht ganz frei von den Vorurteilen waren, die damals gang und gäbe waren. So konnten sich die Quäker in den 1780ern erst nach langen Diskussionen dazu durchringen, auch schwarze Mitglieder zuzulassen (Hamm 35). Die rassistische Einstellung der Quäker wird unter Historikern noch immer diskutiert. So gab es in einigen Gemeinden im Osten der USA nach Rassen getrennte Versammlungshäuser und Friedhöfe. Doch trotz dieser Einschränkungen kann man zusammenfassend sagen, dass die Quäker im Vergleich zur Mehrzahl ihrer Zeitgenossen den Afroamerikanern gegenüber ungleich toleranter waren (170-171).

Das Interesse an den Beziehungen zwischen Schwarzen und Weißen gipfelte schließlich in der Bürgerrechtsbewegung der 1950er und 60er Jahre, in welcher viele Quäker persönlich involviert waren. Beispielsweise war der erste integrierte Kindergarten in August, Georgia, eines ihrer Projekte. Ihre Zeitungen unterstützten die Bürgerrechtsbewegung die ganze Zeit über intensiv, und die Jahresversammlungen sämtlicher theologischer Richtungen sprachen sich gegen rassistische Vorurteile aus. Dies hatte den Effekt, dass sich endlich einige schwarze Mitglieder den bis dahin mehrheitlich weißen Quäkergemeinden anschlossen (Hamm 171).

Eine besondere Verkörperung des Bedürfnisses der Quäker, in der Welt Gutes zu tun, ist *The American Friends Service Committee (AFSC)*. Der AFSC wurde 1917 mit dem Ziel gegründet, dass Quäker, die während des Ersten Weltkrieges nicht in der Armee mitkämpfen wollten, doch ihren Teil zum Geschehen beitragen konnten. Hunderte junger Männer und auch einige Frauen gingen zwischen 1917 und 1919 nach Europa, um beim Aufbau kriegszerstörter Gebiete zu helfen. Nach dem Ende des Krieges wurde beschlossen, die Organisation aufrechtzuerhalten, um weiterhin Gutes zu tun. Das erste Projekt war die Ernährungssicherung hunderttausender deutscher Kinder. Ähnliche Projekte in der Sowjetunion folgten (Hamm 174). In den 1920ern schlossen sich die ersten Projekte des AFSC in den Vereinigten Staaten selbst an, und während der Weltwirtschaftskrise in den 1930er Jahren beteiligte sich die Organisation an wichtigen Hilfsprojekten, wie zum Beispiel der Umsiedlung arbeitsloser Kohlearbeiter auf Gebiete, die ihnen erlaubten, sich ihren eigenen Lebensunterhalt zu sichern (Hamm 174; „The Farm Security"). All diese Bemühungen sicherten der Organisation große öffentliche Zustimmung und bescherten ihr schließlich im Jahr 1947 die Verleihung des Friedensnobelpreises. Die Aktivitäten des AFSC involvierten damals für gewöhnlich einzelne Quäker, die privat ihre Zeit opferten, um mit ihrem Können und Wissen anderen zu helfen. Im Laufe der Zeit wurde jedoch immer weniger auf freiwillige Quäker und immer mehr auf professionelle Mitarbeiter zurückgegriffen. 1960 waren die meisten Mitarbeiter keine Quäker mehr, und der Großteil der Spenden kam ebenfalls von Nicht-Quäkern, die von den Idealen und Leistungen der Organisation beeindruckt waren. Dies führte den AFSC in neue Richtungen. Eine war die wachsende Betonung auf innere Angelegenheiten der USA. 1950 wurden die meisten Gelder der Organisation noch außerhalb der USA ausgegeben, 1960 wurde jedoch das meiste innerhalb des Landes verwendet, und ein großer Teil davon für die Bürgerrechtsbewegung. Beispielsweise war der AFSC für die massenhafte Verteilung von Martin Luther Kings *Letter from the Birmingham Jail* verantwortlich. Auch fokussierte sich die Organisation zunehmend auf Kriegsprävention. Ein Wendepunkt war hier die Publikation von *Speak Truth to Power* im Jahr 1955, einer pazifistischen Analyse der amerikanischen Militär- und Außenpolitik, in welcher zugunsten einer einseitigen Abrüstung der USA argumentiert wurde. In den späten 1950ern und frühen 60ern war der AFSC aktiv an öffentlichen Protesten gegen die Militär- und Außenpolitik der USA beteiligt. Daher ist es auch nicht überraschend, dass die Mitglieder der Organisation zu den ersten gehörten, die sich der Anti-Vietnamkriegsbewegung anschlossen. Um 1970 herum sahen einige Mitglieder in den neuen Linksbewegungen wie den *Students for a Democratic Society*, den *Black Panthers* und der Frauenrechtsbewegung die Kräfte, von denen sie sich erhofften, dass sie die ihrer Meinung nach rassistische, imperialistische und gewalttätige amerikanische Gesellschaft verändern würden. In den 1980ern war die Organisation ein lautstarker Gegner der Außenpolitik der Reagan-Regierung; so war sie beispielsweise gegen die Unterstützung der nicaraguanischen *Contras*[21] und den Aufrüstungskurs gegen die Sowjetunion. Der AFSC sah sich immer mehr als eine Organisation an, die nicht nur den Armen half, sondern auch die Opfer sozialer Ungerechtigkeit unterstützte und stärkte. Er verurteilte politische Entscheidungen des amerikanischen Staates, die er als diskriminierend gegenüber Armen, ethnischen Minderheiten und Frauen betrachtete (Hamm 175-177).

---

[21] Contras: terroristische Einheit, die mit US-amerikanischer Unterstützung gegen die Regierung Nicaraguas kämpfte („USA gegen Nicaragua").

Heutzutage arbeitet der AFSC weltweit in einer Vielzahl von Projekten. Ein Großteil der Gelder geht auch heute noch an Hilfseinsätze, zum Beispiel an die Kriegsgebiete in Afghanistan und Afrika. Die Organisation kümmert sich überdies um Immigranten, die keine Unterlagen haben, und versucht, ihnen dabei zu helfen, offizielle Staatsbürger zu werden. Weitere AFSC-Programme setzen sich gegen Homophobie, Rassismus, Sexismus und Diskriminierung von Menschen mit Behinderungen ein (Hamm 179). An dieser Stelle möchte ich auf die in Kapitel 3.2.3 besprochenen Worte von Thomas R. Kelly hinweisen, welcher das soziale Engagement der Quäker im Zusammenhang mit ihrem Glauben treffend beschrieben hat:

> That's why the Quaker work camps are important. Take a young man or young woman in whom Christ is only dimly formed, but one in whom the Seed of Christ is alive. [...] Let him go into the world's suffering, bearing this Seed with him, and in suffering it will grow [...]. (158)

Ein weiteres Schlagwort, das viele Menschen mit dem Quäkertum assoziieren, ist der Pazifismus (Hamm 161). Man erinnere sich beispielsweise an George Fox' Worte: „And whereas men come against us with clubs, staves, drawn swords [...] yet we never resisted them, but to them our hair, backs, and cheeks have been ready" (Fox 68). Auch heute noch bekennen sich praktisch alle Quäkergruppen zur Bedeutung des Pazifismus. Doch wie so oft sind auch hier offizielle Erklärungen nicht maßgebend für die tatsächliche Einstellung der einzelnen Mitglieder. Pazifismus und Friedensaktivismus sind bei den amerikanischen Quäkern umstrittene Fragen. Einerseits betrachten sich die meisten Quäker immer noch als friedenssuchende Menschen, aber nicht alle sehen sich explizit als Pazifisten (Hamm 161-162). Einige argumentieren, dass in der Bibel keine Aufforderung zum Pazifismus zu finden sei; andere führen historische Gegebenheiten, vor allem den Zweiten Weltkrieg, als Beweis dafür an, dass konsequenter Pazifismus in manchen Fällen sogar zum Triumph des Bösen führen könne (167). Andererseits aber investieren viele Quäker noch immer sehr viel Energie in friedensstiftende Arbeit und sind bei zahlreichen Bemühungen, eine friedlichere Welt zu schaffen, eine treibende Kraft. So haben die meisten Gruppen, die sich heutzutage in den USA für die friedliche Beilegung von Konflikten einsetzen, einen überproportional hohen Anteil an Quäkern. Es gibt jedoch auch vielfältige persönliche Manifestationen der pazifistischen Einstellung von Quäkern. Einige halten den prozentualen Steueranteil zurück, von dem sie ausgehen, dass er für militärische Zwecke verwendet wird, und manche weigern sich gänzlich, irgendwelche staatlichen Steuern zu zahlen. Andere sind direkte Friedensaktivisten, versuchen Raketen oder U-Boote zu beschädigen oder den Transport von Waffen zu blockieren. Viele sehen die Abschaffung der Todesstrafe als eine natürliche Schlussfolgerung aus der Überzeugung, dass Krieg und Gewalt grundsätzlich falsch seien. Manche sind der Meinung, dass alle Regierungen von Natur aus gewalttätig seien und deshalb zugunsten einer Art christlicher Anarchie abgeschafft werden sollten. Einige sind aufgrund ihrer Überzeugung, dass auch Gewalt gegenüber Tieren verwerflich sei (oder aus ökologischen Gründen) Vegetarier oder Veganer (162-164). An dieser Stelle sei an die Worte John Woolmans erinnert: „[...] to say we love God as unseen and at the same time exercise cruelty towards the least creature moving by his life, or by life derived from him, was a contradiction in itself" (99).

Viele Quäker sehen die US-Politik als den Grund für den Großteil aller Kriege und allen Elends in der Welt an, und sie prangern diese öffentlich an. Für diese Quäker ist es nicht genug, im Privatleben pazifistisch zu sein. Sie sehen es als ihre Pflicht, sich aktiv für eine friedlichere Welt einzusetzen. Viele der sich als Friedensaktivisten beteiligenden Quäker unterstützen dezidiert die Palästinenser und verurteilen die israelische Regierung. Dieselben Quäker verurteilten ebenso die US-Politik gegenüber dem Irak, Nicaragua und Kuba. Auch sehen sie mehr und mehr internationale Großkonzerne als die Wurzel von Gewalt und waren deshalb an Protesten gegen die World Trade Organization beteiligt (Hamm 164-165). Nach den Attentaten vom 11. September gaben viele Quäkerorganisationen Erklärungen ab, in denen sie die Anschläge zwar verurteilten, die Vereinigten Staaten jedoch dazu aufriefen, sich von einem militärischen Gegenschlag zurückzuhalten (168). Die Quäker in New York City zum Beispiel schrieben:

> Although all people of good will condemn these attacks and seek to have the perpetrators identified, brought to justice, and punished, this attack is best answered by rejecting the violence of the perpetrators. (qtd. in Hamm 168)

Als die Angriffe auf Afghanistan begannen, drückten viele Quäker ihre Missbilligung aus. Ein Quäker aus Chapel Hill, North Carolina, schrieb beispielsweise: „Our rich nation has done little to answer the cries of the hungry, the victims of exploitation, the fearful" (qtd. in Hamm 168).

Eines der charakteristischsten Merkmale des Quäkertums, welches unvermeidlich die Aufmerksamkeit und manchmal gar den Zorn von Beobachtern auf sich zog, war die Stellung der Frauen. Schon lange bevor dies in anderen religiösen Gruppierungen üblich war, sprachen quäkerische Frauen im Gottesdienst und fungierten als Predigerinnen. Teilweise hatten sie sogar Führungsrollen, wenn auch nicht vollkommene Gleichstellung (Hamm 184).

Bereits in der frühen Geschichte der Quäker spielten Frauen eine wichtige Rolle (Hamm 185). Schon der erste Quäker, George Fox, hielt Frauen für spirituell gleichberechtigt. Wir erinnern uns hier an seine Worte: „[...] and that all people, both males and females, should feel this Seed in them [...] that so they might all witness Christ in them [...]" (56). Elizabeth Hooten war einer der ersten Menschen, die von George Fox' Lehre überzeugt wurden, und Margaret Fell wurde nicht nur George Fox' Ehefrau, sondern war vermutlich auch nach 1660 die zweitwichtigste Führungsfigur der Quäkerbewegung nach Fox selbst. Oftmals, wenn Quäker Gott und ihre spirituellen Erfahrungen beschrieben, benutzten sie eine Sprache, die offenkundig feminin war (Hamm 185).

Nach der Aufspaltung der Bewegung im 19. Jahrhundert bewegten sich die Quäkerfrauen in unterschiedliche Richtungen. Allgemein wurden Hicksite-Frauen eher von einem radikalen Feminismus und der frühen Frauenrechtsbewegung angezogen als die orthodoxen Quäkerfrauen (obwohl es natürlich auch einige Ausnahmen gab). Lucretia Mott (1793-1880) aus Philadelphia war eine der Führungsfiguren der ersten Konferenz zu den Rechten der Frau (*Women's Rights Convention*) in Seneca Falls, New York, im Jahr 1848. Drei der fünf Organisatorinnen waren Hicksite-Quäkerinnen. Ähnlich waren Hicksite-Frauen die Initiatorinnen der Frauenrechtsbewegungen in Indiana, Pennsylvania und Ohio und halfen dabei, 1850 das *Female Medical College of Philadelphia* zu gründen. Auch an der Gründung des koedukativen *Swarthmore College* im Jahr 1864 waren sie maßgeblich beteiligt. Die orthodoxen Quäkerfrauen waren in dieser Hinsicht weniger aktiv. Die Wilburites fuhren zwar fort, Frauen als Predigerinnen anzuerkennen, zeigten jedoch vor dem späten 19. Jahrhundert nur wenig Interesse an den Frauenrechten. Die Gurneyite-Quäkerfrauen waren meist weniger aggressiv als die Hicksites in ihren Forderungen nach rechtlicher Gleichstellung und konzentrierten sich stattdessen eher auf humanitäre Dienste (Hamm 185-187).

Am Anfang des 20. Jahrhunderts waren Quäkerfrauen in der Frauenrechtsbewegung weiterhin in unverhältnismäßig großer Zahl präsent. Eine wichtige Rolle in der Kampagne für das Frauenwahlrecht spielte Alice Paul (1885-1977), eine Hicksite-Quäkerin aus New Jersey. Emily Greene Balch (1867-1961), eine Quäkerin aus Boston, war eine der Gründerinnen der *Women's International League for Peace and Freedom*; sie erhielt im Jahr 1946 den Friedensnobelpreis als Anerkennung für ihre Arbeit für internationale Abrüstung. Auch viele andere Quäkerfrauen arbeiteten mittels Gruppierungen wie dem *American Friends Service Committee* für Frieden und soziale Veränderungen (Hamm 188).

Die Reaktion der Quäkerfrauen auf die Entstehung des Feminismus in den späten 1960ern war gemischt. Einige, vor allem in unprogrammierten Gruppen, waren sofort der Ansicht, dass diese Bewegungen traditionellen quäkerischen Überzeugungen der Gleichheit von Männern und Frauen entsprächen. Der AFSC initiierte eine Vielzahl von Programmen, die sich für die Gleichberechtigung und gegen die Ausbeutung von Frauen einsetzten. Selbst die evangelikale Gruppe *Evangelical Friends Alliance*, welcher Frauenrechtlerinnen eher suspekt waren, gründete eine Arbeitsgruppe für Frauen. Es gab jedoch auch einige Quäker, vor allem in programmierten Jahresversammlungen, welche die Forderungen der Feministinnen als zu extrem und als Bedrohung für traditionelle moralische Werte betrachteten. Diese unterschiedlichen Positionen sind auch heute noch für die amerikanischen Quäker charakteristisch. So kann man heutzutage nicht von *der* typischen Quäkerfrau sprechen. Die meisten Quäkerinnen sind nach außen hin von anderen Amerikanerinnen nicht zu unterscheiden. Für manche macht es keinen Unterschied, eine Quäkerfrau zu sein; andere investieren viel Energie in die Umsetzung der Leistungen früherer Generationen. Doch auch für viele männliche Quäker heute ist die Gleichberechtigung der Frau von Bedeutung (Hamm 188-191). Beispielsweise schrieb ein Quäker des EFI im Jahr 1986: „It's not enough for the contemporary Christian male simply to tolerate female equality [. . .]. It's essential that he promote it" (qtd. in Hamm 191).

Zusammenfassend lässt sich zum Thema Feminismus bei den Quäkern sagen, dass diese sich in den ersten zwei Jahrhunderten ihrer Existenz bezüglich des Themas der Frauen stark von anderen kirchlichen Gemeinschaften und der allgemeinen Gesellschaft unterschieden. Dies erklärt, warum im neunzehnten Jahrhundert, als die Frauenrechtsbewegung in den Vereinigten Staaten entstand, Quäkerfrauen darin oft Führungspositionen innehatten und die Bewegung entscheidend vorantrieben. In den letzten ca. 150 Jahren hat die Gesellschaft jedoch nach und nach viele der Vorstellungen bezüglich Gleichberechtigung, welche die

Quäker schon von Anfang an gehabt hatten, ebenso akzeptiert, sodass Quäkerfrauen sich heute nicht mehr wirklich von anderen Amerikanerinnen unterscheiden (Hamm 199).

Auch bei der Etablierung der typischen amerikanischen Familie spielten die Quäker vermutlich eine Rolle. Am Anfang des 19. Jahrhunderts schrieb Thomas Clarkson, ein englischer Sklavereigegner, der intensiv mit den Quäkern zusammenarbeitete, dass das Wichtigste für die Quäker häusliches Glück sei. Solange die Quäker sich als eigenständige Gemeinschaft sahen, war es für sie sehr wichtig, ihre Kinder in ihrem Glauben zu erziehen. Wie viel Einfluss dies auf die amerikanische Gesellschaft hatte, ist zwar nicht genau festzustellen; der Historiker Barry Levy beispielsweise ist jedoch der Meinung, dass die Quäker Faktoren wie dem häuslichen Leben, dem wachsenden Respekt gegenüber Frauen und der Ausrichtung der Familie auf die Kinder, welche später alle zur Norm in der amerikanischen Familie werden sollten, den Weg gebahnt hätten (Hamm 194).

Interessant ist bezüglich der Ehe, dass sich die Quäker bei einer Trauung auch schon zu Zeiten, in denen alle anderen Kirchen bei der Trauzeremonie von der Frau verlangten, dem Mann Gehorsam zu schwören, jeweils den gleichen Eid schworen; das heißt, der Mann verwendete genau dieselben Worte wie die Frau, und diese musste ihm keinen Gehorsam versprechen, genau, wie dies auch heute der Fall ist (Hamm 195).

Auch in einem anderen wichtigen Punkt der amerikanischen Gesellschaft ist es meiner Meinung nach möglich, dass die Einstellung der Quäker einen gewissen Einfluss ausgeübt haben könnte. Bereits relativ früh lehnten es die Vereinigten Staaten ab, eine offizielle Staatsreligion zu etablieren („Gesellschaft/Religionen"). So wurde in der Verfassung der USA bereits im Jahr 1787 bestimmt, dass „niemals der Nachweis einer Religionszugehörigkeit als eine Voraussetzung für ein Amt oder eine öffentliche Vertrauensstellung unter der Hoheit der Vereinigten Staaten verlangt werden [darf]" (Stüwe 724). Im ersten Verfassungszusatz aus dem Jahr 1791 wurde Folgendes ergänzt (724-725): „Der Kongreß (sic) darf kein Gesetz erlassen, das die Einführung einer Staatsreligion zum Gegenstand hat oder die freie Religionsausübung verbietet" (725). Bezüglich dieser Überzeugungen gingen die Quäker den ersten Schritt, als in Pennsylvania vollkommene Religionsfreiheit garantiert wurde (Hamm 28). Man erinnere sich an dieser Stelle an den ersten Artikel der *Fundamental Constitutions of Pennsylvania*: „[...] that every Person [...] shall have and enjoy the Free Profession of his or her Faith [...]" (Penn, *Collection* 122).

5.3 Vergleich

Sowohl Puritaner als auch Quäker haben zweifelsohne großen Einfluss auf die Geschichte, die Politik und die Gesellschaft der Vereinigten Staaten ausgeübt.

So hat sich die Überzeugung, Gottes auserwähltes Volk zu sein, die bei den Puritanern eine zentrale Stellung einnahm, bis in die heutige Zeit gehalten. Viele US-Amerikaner betrachten sich noch immer als ein leuchtendes Vorbild für alle anderen Völker, als eine Nation, die Gott für Großes auserwählt hat (zwar sahen sich auch manche Quäker als Gottes Propheten; dies hatte jedoch keinen nachhaltigen Einfluss). Auch die puritanische Vorstellung vom

Kampf von Gut gegen Böse hatte und hat noch immer große Auswirkungen auf die US-Außenpolitik. Die Gegner Amerikas sind zumeist als die „Bösen" und die US-Amerikaner selbst als die „Guten" dargestellt worden, wie zum Beispiel während des Kalten Krieges oder des noch immer andauernden Konfliktes zwischen den USA und den seinerzeit von George W. Bush als *Axis of Evil* bezeichneten Ländern.

Der Einfluss der Quäker ist weniger politisch als der der Puritaner und primär auf die Veränderungen zurückzuführen, die sie in der Gesellschaft bewirkten. Zwar konnten sie bezüglich einer faireren Behandlung der Indigenen leider kaum etwas erreichen; im Kampf gegen die Sklaverei, gegen welche sie sich schon früh vehement eingesetzt hatten, erreichten sie jedoch sehr viel. Auch an der Bürgerrechtsbewegung für die Gleichberechtigung von Schwarzen und Weißen in den 1950er und 60er Jahren waren viele Quäker beteiligt. Ihr Bedürfnis, Gutes zu tun, führte zudem zur Gründung des *American Friends Service Committee (AFSC)*, einer Organisation, welche zahlreiche Hilfsprojekte im In- und Ausland initiiert hat. Auch sind die Quäker schon von Anfang an größtenteils bestrebt gewesen, friedlich und mit ihren Mitmenschen im Einklang zu leben, was meist eine strikte Ablehnung von Gewalt impliziert hat. Dies hat dazu geführt, dass viele Quäker sich aktiv für den Frieden eingesetzt und die US-Außenpolitik massiv kritisiert haben. Viele Gruppen, die sich in den USA heute für Frieden einsetzen, haben einen hohen Anteil an Quäkern. Auch die Grundsätze des Vegetarismus können mit den Quäkern und ihrer Überzeugung, dass auch Tiere Gottes Geschöpfe seien, in Verbindung gebracht werden.

Auf die Entwicklung von Demokratie und Religionsfreiheit, welche beide relativ früh in der amerikanischen Verfassung verankert wurden, hatten beide Gruppen einen positiven Einfluss. Die Puritaner hatten bereits relativ demokratische Ideen und konnten ihre eigenen Vertreter wählen, und der Quäker William Penn garantierte von Beginn an in seiner Kolonie Religionsfreiheit, zu einer Zeit, in der in vielen anderen Ländern und auch seinen Nachbarkolonien religiöse Verfolgung an der Tagesordnung war. Auch auf die amerikanische Unabhängigkeit hatten die Puritaner – zumindest teilweise – Einfluss, da die protestantischen Geistlichen die Bevölkerung unter Zuhilfenahme puritanischer Rhetorik zur Rebellion gegen die Briten aufriefen.

Auf die Verbesserung der Stellung der Frau und den Feminismus hatten beide Gruppierungen positive Auswirkungen, die Quäker jedoch weitaus stärker als die Puritaner. Schon in der Frühzeit der Quäkerbewegung hatten Frauen dort Führungsrollen inne und waren als Predigerinnen tätig; im 19. Jahrhundert waren sie aktiv an der Frauenrechtsbewegung beteiligt, und in den 1960er Jahren wurde von ihnen eine Vielzahl von Programmen zur Förderung der Gleichberechtigung gegründet. Doch auch die Puritaner trugen, wenn auch wie gesagt nicht so stark wie die Quäker, zur allmählichen Entwicklung der Rechte der Frauen bei. Während Frauen früher meist ungebildet waren, verfügten immer mehr puritanische Mädchen über Bildung. Auch waren sie in häuslichen Angelegenheiten den Männern gleichgestellt, und Gewalt gegen Frauen war bei den Puritanern ein Verbrechen.

Auch auf das heutige Verständnis von Ehe und Familie hatten Puritaner und Quäker Einfluss. Während die Frau dem Mann früher bei der Eheschließung Gehorsam schwören musste, war dies bei den Quäkern nicht der Fall, genau wie dies auch heute nicht mehr praktiziert wird. Auch hatten die Quäker durch die Bedeutung, die sie den Kindern innerhalb ihrer Familie einräumten sowie ihrem Respekt gegenüber Frauen vermutlich Einfluss auf die heutige amerikanische Familie. Und die Puritaner sahen, ähnlich wie wir heute, die Ehe nicht als eine Zweckgemeinschaft, sondern eine tiefgreifende Liebesbeziehung an. Überdies hatte der Puritaner John Milton Einfluss auf das heutige Verständnis von Scheidung. Da er beiderseitige Liebe als die wichtigste Voraussetzung einer Ehe betrachtete, folgte für ihn automatisch, dass man sich im Falle des Nichtvorhandenseins von Gefühlen oder des Nichtzusammenpassens der Partner scheiden lassen solle; und so ist auch das heutige Verständnis.

Darüber hinaus hatten die Puritaner Einfluss auf eine Reihe heutiger US-amerikanischer Eigenheiten, mit denen die Quäker nicht in Verbindung gebracht werden können, wie die Tendenz der ständigen Selbstanalyse, die Bedeutung von Fleiß und harter Arbeit, die Einhaltung der Sonntagsruhe sowie das große Interesse an den Naturwissenschaften.

Überdies hatten die Puritaner durch die frühzeitige Etablierung von Schulen und Colleges großen Einfluss auf das amerikanische Bildungssystem. Bei den Quäkern hingegen war Bildung zwar auch nicht völlig unwichtig, aber längst nicht von solch großer Bedeutung wie bei den Puritanern.

Interessant ist auch, dass diejenigen, die sich als Erben der Puritaner bezeichnen, eher auf der rechten Seite des politischen Spektrums einzuordnen sind, während sich die meisten Quäker eher mit den Linksbewegungen identifizieren.

6 Schlusswort

Zusammenfassend lässt sich sagen, dass sowohl Puritaner als auch Quäker treibende Kräfte in der US-amerikanischen Geschichte gewesen sind. Während die Puritaner vor allem Einfluss auf die amerikanische Mentalität, die Außenpolitik sowie einige gesellschaftliche Besonderheiten hatten, führten die Quäker in erster Linie im sozialen Bereich Veränderungen herbei. Vor allem bei den Puritanern ist es erstaunlich, welch immensen Einfluss sie noch immer auf das Unterbewusstsein des amerikanischen Volkes haben, obgleich es heute keine einzige Gemeinde mehr gibt, die sich selbst als puritanisch bezeichnet. Dies ist ein wichtiger Unterschied zu den Quäkern: Letztere existieren auch heute noch; allerdings sind sie nur eine relativ kleine Gruppierung und noch dazu in viele Strömungen gespalten, die oftmals ganz andere Schwerpunkte haben als die ersten Quäker.

Bezüglich ihrer Geschichte wirken die beiden Gruppierungen zunächst relativ ähnlich, da beide aus England stammten und nach Amerika auswanderten, um ihre Religion ohne Verfolgung praktizieren zu können. Setzt man sich jedoch mit ihren Philosophien auseinander, so merkt man schnell, dass Quäker und Puritaner zu vielen Themen sehr unterschiedliche Einstellungen hatten (es gab jedoch auch ein paar wenige Überschneidungen wie beispielsweise ihre Betonung einer einfachen Lebensweise).

Insgesamt lässt sich jedoch sagen, dass die Puritaner langfristig zweifelsohne einen stärkeren Einfluss auf die amerikanische Mentalität ausgeübt haben als die Quäker. Noch heute assoziieren viele Menschen den Begriff *Puritaner* direkt mit den US-Amerikanern, während wahrscheinlich niemand die Amerikaner als erstes mit den Quäkern in Verbindung bringen würde.

Bezüglich der vorliegenden Studie möchte ich hervorheben, dass die Beschäftigung mit dieser für mich äußerst lehrreich war. Ich hatte mich schon lange für Puritaner und Quäker interessiert und wusste bereits im Vorfeld ein wenig über sie; dieses Wissen war jedoch eher oberflächlich und konnte durch meine Recherchen nun vertieft werden. Vor allem habe ich es als ungemein faszinierend empfunden, direkt Texte aus dem 17. bis 20. Jahrhundert zu lesen und zu analysieren, die von den Anhängern der jeweiligen Religionsgemeinschaft verfasst wurden. Meiner Ansicht nach versteht man die Hintergründe bestimmter Ereignisse viel besser, wenn man nicht nur Geschichtsbücher liest, welche die Thematik historisch behandeln, sondern sich direkt und unmittelbar mit den Gedanken und Gefühlen der damals involvierten Personen auseinandersetzt.

7 Quellenverzeichnis

Adair, John. *Founding Fathers: The Puritans in England and America.* London: Dent, 1982.

„America as a Religious Refuge: The Seventeenth Century." *Library of Congress.* <http://www.loc.gov/exhibits/religion/rel01.html> 29 Sept. 2012.

„Baptist Church." *The Free Dictionary.* <http://www.thefreedictionary.com/Baptist+Church> 05 Oct. 2012.

Baxter, Richard. *A Christian Directory, Or, A Body of Practical Divinity and Cases of Conscience.* Vol. 1. London: n.p., 1825.

„Biography of Anne Bradstreet." *PoemofQuotes.* <http://www.poemofquotes.com/annebradstreet/> 31 Oct. 2012.

„Biography of John Woolman." *Christian Classics Ethereal Library.* <http://www.ccel.org/ccel/woolman> 19 Nov. 2012.

Bradstreet, Anne. „To My Dear and Loving Husband." Miller and Johnson 573.

„Branches of Friends Today." *Quaker Information Center.* <http://www.quakerinfo.org/quakerism/branches/today> 06 Aug. 2012.

Brekus, Catherine A. „Writing as a Protestant Practice: Devotional Diaries in Early New England." Maffly-Kipp, Schmidt and Valeri 19-34.

Bremer, Francis J. *Puritansim: A Very Short Introduction.* New York: Oxford UP, 2009.

Brown, Katherine. „Freemanship in Puritan Massachusetts." *The American Historical Review* 59.4 (1954): 865. <http://www.jstor.org/discover/10.2307/1845121?uid=2129&uid=2&uid=70&uid=4&sid=21100971322843> 09 Aug. 2012.

Bulkeley, Peter. „The Lesson of the Covenant, for England and New England." Dutkanicz 1-2.

Bush, George. „State of the Union address." *CNN.com.* <http://edition.cnn.com/2002/ALLPOLITICS/01/29/bush.speech.txt/> 03 Oct. 2012.

Calvin.de: Die Internetseite zu Johannes Calvin. <http://www.ekd.de/calvin/> 19 Sept. 2012.

„Charles Chauncy". *Encyclopedia Britannica*.
<http://www.britannica.com/EBchecked/topic/108089/Charles-Chauncy> 31 Oct. 2012.

Chauncy, Charles. „A Commencement Sermon." Miller and Johnson 705-707.

„Church of England." *BBC Religions*.
<http://www.bbc.co.uk/religion/religions/christianity/cofe/cofe_1.shtml> 05 Aug. 2012.

Cotton, John. „Christian Calling." Dutkanicz 13-20.

- - -. „Limitation of Government." Dutkanicz 3-5.

Dandelion, Pink. *The Quakers: A Very Short Introduction*. New York: Oxford UP, 2008.

„Death in Early America." *Digital History*.
<http://www.digitalhistory.uh.edu/historyonline/usdeath.cfm> 22 Oct. 2012.

„The Declaration of Independence." *Ushistory.org*.
<http://www.ushistory.org/declaration/document/> 11 Oct. 2012.

Dent, Frank. „The Halfway Covenant: The End of Puritanism in America." *New Reformation Press*. <http://www.newreformationpress.com/blog/2010/01/21/the-halfway-covenant-the-end-of-puritanism-in-america/> 09 Aug. 2012.

- - -. „The Halfway Covenant: The End of Puritanism in America Part II." *New Reformation Press*. <http://www.newreformationpress.com/blog/2010/03/10/the-halfway-covenant-the-end-of-puritanism-in-america-part-ii/> 09 Aug. 2012.

Deuster, Heinz-Jürgen. „Calvinismus." *Relilex*. <http://www.relilex.de/artikel.php?id=6796> 20 Nov. 2012.

Dutkanicz, David, ed. *Sinners in the Hands of an Angry God and Other Puritan Sermons*. Mineola, New York: Dover Publications, 2005.

Dutkanicz, David. „Biographies." Dutkanicz vii-x.

Dutkanicz, David. „Publisher's Note." Dutkanicz v.

Edwards, Jonathan. „Sinners in the Hands of an Angry God." Dutkanicz 171-184.

Elliott, Emory. „The Legacy of Puritanism." *TeacherServe*.
 <http://nationalhumanitiescenter.org/tserve/eighteen/ekeyinfo/legacy.htm> 14 Aug. 2012.

„Episcopal Church." *The Free Dictionary*.
 <http://www.thefreedictionary.com/Episcopal+Church> 05 Oct. 2012.

„Die Erweckungsbewegung." *Bessarabien: Heimat einer deutschen Minderheit*.
 <http://www.bessarabia.altervista.org/deu/0zumvertiefen/erweckungsbewegung.html> 10 Aug. 2012.

„The Farm Security Administration and Subsistence Homesteads." *American Studies at the University of Virginia*. <http://xroads.virginia.edu/~ug99/lane/fsa.html> 22 Nov. 2012.

Finley, Gavin. „America's Puritans Today and the 'Religious Right.'" *End Time Pilgrim*.
 <http://endtimepilgrim.org/puritans13.htm> 09 Aug. 2012.

„4 Branches of Quakerism." *Arch Street: Friends Meeting House*.
 <http://archstreetmeetinghouse.org/4-branches-quakerism> 18 Aug. 2012.

Fox, George. „The Journal." Griffin and Steere 8-91.

„Gesellschaft/Religionen." *U.S. Diplomatic Mission to Germany*.
 <http://usa.usembassy.de/gesellschaft-religion.htm> 04 Oct. 2012.

Griffin, Emilie and Douglas V. Steere, eds. *Quaker Spirituality: Selected Writings*. New York: HarperOne, 2005.

Hamm, Thomas D. *The Quakers in America*. New York: Columbia UP, 2003.

Hebenstreit, Tanja and Christiane Toyka-Seid. „17.09.1787 – Demokratische Verfassung in den USA." *HanisauLand: Politik Für Dich*.
 <http://www.hanisauland.de/kalender/200809/demokratischeverfassungusa> 10 Oct. 2012.

Hooker, Thomas. „Hartford Election Sermon." Dutkanicz 31.

„How Quakers Are Organized." *Annapolis Friends Meeting of the Religious Society of Friends (Quakers)*. <http://annapolis.quaker.org/quakers.html> 05 Nov. 2012.

„James Nayler (Naylor), Quaker, 1618-60." *British Civil Wars, Commonwealth and Protectorate 1638-60*. <http://www.british-civil-wars.co.uk/biog/nayler.htm> 28 Sept. 2012.

„John Adams." *Presidents of the United States*. <http://www.potus.com/jadams.html> 03 Oct. 2012.

„John Milton." *POETS.org: From the Academy of American Poets*. <http://www.poets.org/poet.php/prmPID/707> 12 Oct. 2012.

Jones, Rufus M. „Finding the Trail of Life." Griffin and Steere 129-144.

„Jones, Rufus M." *Maine: An Encyclopedia*. <http://maineanencyclopedia.com/jones-rufus-m/> 19 Nov. 2012.

Kang, Ning. „Puritanism and Its Impact upon American Values." *Review of European Studies* 1.2 (2009): 148-151. <http://www.ccsenet.org/journal/index.php/res/article/viewFile/4585/3924&a=bi&pagenumber=1&w=100> 11 Oct. 2012.

Kelly, Thomas R. „The Eternal Promise." Griffin and Steere 151-164.

Kizer, Kay. „Puritans." *University of Notre Dame*. <http://www.nd.edu/~rbarger/www7/puritans.html> 11 Oct. 2012.

Kreis, Steven. „Lecture 7: The English Civil War." *The History Guide: Lectures on Early Modern European History*. <http://www.historyguide.org/earlymod/lecture7c.html> 19 Sept. 2012.

Leigh Heyrman, Christine. „Puritanism and Predestination." *TeacherServe*. <http://nationalhumanitiescenter.org/tserve/eighteen/ekeyinfo/puritan.htm> 05 Aug. 2012.

Maffly-Kipp, Laurie F., Leigh E. Schmidt and Mark Valeri, eds. *Histories of Christian Life in America 1630-1965*. Baltimore: The John Hopkins UP, 2006.

Mather, Cotton. „The Christian Philosopher." Miller and Johnson 750-756.

- - -. „The Wonders of the Invisible World." Dutkanicz 124-139.

Mather, Increase. „An Arrow against Profane and Promiscuous Dancing." Miller and Johnson 411-413.

- - -. „Man Knows Not His Time." Dutkanicz 102-109.

- - -. „Predestination and Human Exertions." Dutkanicz 98-102.

- - -. „Sleeping at Sermons." Dutkanicz 110-111.

Matthäus 5, 39. *Lutherbibel*. Rev. ed. Stuttgart: Deutsche Bibelgesellschaft, 2009.

Matthäus 5, 44. *Lutherbibel*. Rev. ed. Stuttgart: Deutsche Bibelgesellschaft, 2009.

May, Roy H. *Joshua and the Promised Land*. N.p.: The United Methodist Church, 1997. N. pag. „Promised Land and Land Theft." *Global Ministries: The United Methodist Church*. <http://gbgm-umc.org/umw/joshua/may7180.stm> 24 Oct. 2012.

„Methodistische Kirchen." *Ökumenischer Rat der Kirchen*. <http://www.oikoumene.org/de/handbook/kirchenfamilien/methodistische-kirchen.html> 10 Aug. 2012.

Miller, Perry and Thomas H. Johnson, eds. *The Puritans: A Sourcebook of Their Writings*. Vol. 2. Rev. ed. New York: Harper & Row, 1963.

Miller, Perry and Thomas H. Johnson. „Anne Bradstreet." Miller and Johnson 561-562.

Miller, Perry and Thomas H. Johnson. „Charles Chauncy." Miller and Johnson 704-705.

Miller, Perry and Thomas H. Johnson. „Cotton Mather." Miller and Johnson 750.

Miller, Perry and Thomas H. Johnson. „Education." Miller and Johnson 695-727.

Miller, Perry and Thomas H. Johnson. „New Englands First Fruits." Miller and Johnson 700.

Miller, Perry and Thomas H. Johnson. „Science." Miller and Johnson 729-764.

Milton, John. *The Doctrine & Discipline of Divorce*. London: n.p., 1644. N. pag. *Dartmouth College*. <http://www.dartmouth.edu/~milton/reading_room/ddd/book_1/text.shtml> 30 Oct. 2012.

„New England." *The Free Dictionary*. <http://www.thefreedictionary.com/New+England> 31 Oct. 2012.

O'Callaghan, Bryn. *An Illustrated History of the USA*. 8th ed. Harlow: Longman, 1997.

„Oliver Cromwell." *Ökumenisches Heiligenlexikon*. <http://www.heiligenlexikon.de/BiographienO/Oliver_Cromwell.htm> 19 Sept. 2012.

Packer, J.I. *A Quest for Godliness: The Puritan Vision of the Christian Life*. Wheaton: Crossway Books, n.d. *Five Solas.com*. <http://www.fivesolas.com/purinter.htm> 11 Oct. 2012.

Payton Phillips, Catherine. „*Extracts from* Memoirs of the Life of Catherine Phillips." Skidmore 64-83.

Penn, William. *A Collection of the Works of William Penn: To Which is Prefixed a Journal of His Life, with Many Original Letters and Papers Not Before Published.* Vol. 1. London: J. Sowle, 1726. *Internet Archive.*
<http://archive.org/details/collectionofwork01penn> 01 Oct. 2012.

- - -. „William Penn's Preface." Griffin and Steere 5-7.

„Pilgrims or Pilgrim Fathers (and their link to Lilford Hall)." *The Lilford Estate: Northamptonshire, England.* <http://www.lilfordhall.com/Pilgrims.asp> 05 Aug. 2012.

„Presbyterianismus." *Relilex.* <http://www.relilex.de/artikel.php?id=72677> 10 Aug. 2012.

„Protestantism." *Burmesebible.com.*
<http://burmesebible.com/Christianity/Protestantism.htm> 05 Aug. 2012.

„The Puritans Lecture." *Delta College.* <http://www3.delta.edu/pahutchi/puritans.html> 22 Oct. 2012.

„Quake." *Pons.eu: Das Sprachenportal.*
<http://de.pons.eu/dict/search/results/?q=quake&l=deen&in=&lf=de> 10 Aug. 2012.

Quaker Business Meetings: how Friends make decisions.
<http://www.qis.net/~daruma/business.html> 21 Aug. 2012.

„Quakers and Indians." *Native American Netroots.*
<http://www.nativeamericannetroots.net/diary/870/quakers-and-indians> 27 Oct. 2012.

„Quakers." *BBC Religions.*
<http://www.bbc.co.uk/religion/religions/christianity/subdivisions/quakers_1.shtml> 29 Sept. 2012.

Ralph Lewis, Brenda. „The Pilgrim Fathers." *Britannia: Footnotes of History.*
<http://www.britannia.com/history/pilgrim.html> 05 Aug. 2012.

„Rev Peter Sterry, Chaplain to Sir Oliver Cromwell." *Sterry Worldwide: A One-Name Study.*
<http://www.sterryworldwide.com/petester.htm> 22 Oct. 2012.

„Richard Baxter." *Ökumenisches Heiligenlexikon.*
<http://www.heiligenlexikon.de/BiographienR/Richard_Baxter.html> 12 Oct. 2012.

„Richard Baxter." *Spartacus Educational.*
<http://www.spartacus.schoolnet.co.uk/STUbaxterR.htm> 12 Oct. 2012.

Roe, Sue. „The Quakers." *Genealogy Today.*
<http://www.genealogytoday.com/columns/recipes/tip13c.html> 17 Oct. 2012.

Ryken, Leland. „The Original Puritan Work Ethic." *Christian History.*
<http://www.christianitytoday.com/ch/2006/issue89/7.32.html?start=2> 11 Oct. 2012.

Sage, Henry J. „The Puritans of New England." *Academic American History: A Survey of America's Past.*
<http://www.academicamerican.com/colonial/topics/puritannewengland.html> 24 Oct. 2012.

Shepard, Hetty. „Diary of a Puritan Girl." *America Firsthand: Readings from Settlement to Reconstruction.* Eds. Robert D. Marcus and David Burner. Vol. 1. 4th ed. Boston, MA: Bedford Books, 1997. 68-72. *Teaching American History.*
<http://www.nohum.k12.ca.us/tah/TAH5Topics/DiaryOfAPuritanGirl.pdf> 07 Aug. 2012.

Shepard, Thomas. „Of Ineffectual Hearing the Word-Subjection to Christ in all His Ordinances, and Appointments, the Best Means to Preserve Our Liberty." Dutkanicz 79-97.

Skidmore, Gil, ed. *Strength in Weakness: Writings by Eighteenth-Century Quaker Women.* Walnut Creek, CA: AltaMira Press, 2003.

Skidmore, Gil. „Catherine Payton Phillips." Skidmore 63-64.

„Slavery in Massachusetts." *Slavery in the North.*
<http://www.slavenorth.com/massachusetts.htm> 27 Oct. 2012.

„State of the Union Address: Der Präsident spricht zur Lage der Nation." *Der offizielle Blog des US-Generalkonsulats Hamburg.*
<http://blogs.usembassy.gov/hamburg/2012/01/23/state-of-the-union-address-der-prasident-spricht-zur-lage-der-nation/> 03 Oct. 2012.

Steere, Douglas. „George Fox (1624-1691)." Griffin and Steere 3.

- - -. „John Woolman (1720-1772)." Griffin and Steere 94-95.

- - -. „Rufus M. Jones (1863-1948)." Griffin and Steere 128.

- - -. „Thomas R. Kelly (1893-1941)." Griffin and Steere 150.

„Sterry, Peter." *Blackwell Reference Online.*
<http://www.blackwellreference.com/public/tocnode?id=g9781405194495_chunk_g978140519449521_ss1-31> 22 Oct. 2012.

Stüwe, Klaus. „Politik und Religion in den USA." *Stimmen der Zeit* 11 (2008): 723-733. <http://www.con-spiration.de/texte/2008/stuewe.html> 10 Oct. 2012.

Trueman, Chris. „Life in England under Oliver Cromwell." *History Learning Site.* <http://www.historylearningsite.co.uk/cromwell_england.htm> 19 Sept. 2012.

„Underground Railroad." *Quakers in the World.* <http://www.quakersintheworld.org/quakers-in-action/115> 17 Oct. 2012.

Unitarier.de. <http://www.unitarier.de/> 10 Aug. 2012.

Unitarische Kirche in Berlin. <http://www.unitarier-berlin.de/?language=de&section=glaube&item=allgemein> 10 Aug. 2012.

„United Church of Christ." *The Free Dictionary.* <http://www.thefreedictionary.com/United+Church+of+Christ> 05 Oct. 2012.

„USA gegen Nicaragua: Der Krieg wird effektiviert." *GegenStandpunkt* 5 (1986): n. pag. <http://www.gegenstandpunkt.com/msz/html/86/86_5/nicarag.htm> 22 Nov. 2012.

„VELKD: Eine Kirche." *Vereinigte Evangelisch-Lutherische Kirche Deutschlands.* <http://www.velkd.de/2.php> 20 Nov. 2012.

„Virginia Company." *Historic Jamestowne.* <http://apva.org/rediscovery/page.php?page_id=22> 21 Nov. 2012.

Von Flocken, Jan. „Massenhysterie um die Hexen von Salem." *Die Welt* 14 May 2008: n. pag. <http://www.welt.de/kultur/history/article1993365/Massenhysterie-um-die-Hexen-von-Salem.html> 04 Aug. 2012.

Walker, Rachel. „Cotton Mather: Salem Witch Trials in History and Literature. An Undergraduate Course, University of Virginia, Spring Semester 2001." *University of Virginia.* <http://www2.iath.virginia.edu/salem/people/c_mather.html> 04 Aug. 2012.

Walsh, Peter. „Benjamin Church." *Find A Grave.* <http://www.findagrave.com/cgi-bin/fg.cgi?page=gr&GRid=24720663> 29 Oct. 2012.

„What was the Great Awakening?" *Great-Awakening.com.* <http://www.great-awakening.com/?page_id=12> 05 Aug. 2012.

„The Wider Fellowship of Conservative Friends." *Ohio Yearly Meeting*.
<http://www.ohioyearlymeeting.org/programs/wider-fellowship-of-conservative-friends/> 05 Oct. 2012.

„(Wieder)Täufer (Anabaptisten)". *Kerber-net.de*. <http://www.kerber-net.de/religion/reformation/wiedertaeufer.htm> 20 Nov. 2012.

Willard, Samuel. „The Character of a Good Ruler." Dutkanicz 117-122.

- - -. „The Death of a Saint." Dutkanicz 114-117.

- - -. „Degenerating New England." Dutkanicz 122-123.

- - -. „Saints Not Known By Externals." Dutkanicz 112-114.

„William Penn." *Ökumenisches Heiligenlexikon*.
<http://www.heiligenlexikon.de/BiographienW/William_Penn.html> 27 Sept. 2012.

Winthrop, John. „A Modell of Christian Charity." Dutkanicz 53-65.

Woolman, John. „The Journal of John Woolman." Griffin and Steere 96-111.